*Qu'est-ce que l'humour ?*

Jonathan Pollock

# Qu'est-ce que l'humour ?

PARIS
KLINCKSIECK

**KLINCKSIECK ÉTUDES**
Collection dirigée par Belinda Cannone

1. Jean-Luc Chalumeau, *Histoire critique de l'art contemporain*
2. Georgie Durosoir, *La Musique vocale profane au XVII*e *siècle*
3. Marie-Claire Mussat, *Trajectoires de la musique au XX*e *siècle*
4. Daniel-Henri Pageaux, *Naissances du roman*
5. Nathalie Heinich, *Être artiste. Les transformations du statut des peintres et des sculpteurs*
6. Marc Jimenez, *L'Esthétique contemporaine. Tendances et enjeux*
7. Jonathan Pollock, *Qu'est-ce que l'humour ?*
8. Suzanne Liandrat-Guigues et Jean-Louis Leutrat, *Penser le cinéma*

Illustration de couverture : *Un jour au cirque*,
Marx Brothers (droits réservés)


isbn 2-252-03363-0

## 50 QUESTIONS


**Avant-propos** .................................................................. 11

**I. — La science antique de l'*humor***

1. Y a-t-il un rapport entre les mots *humeur* et *humour* ? .. 13
2. Qu'est-ce que l'humorisme médical ?.......................... 14
3. Qu'entend-on par « mélancolie » dans la médecine antique ? ................................................................. 16
4. Pourquoi les gens d'exception sont-ils mélancoliques ?... 18
5. Pourquoi la médecine humorale associe-t-elle le rire et la mélancolie ? ............................................................ 19
6. Que devient le rire de Démocrite à la Renaissance ?....... 22
7. Pourquoi le mélancolique rit-il tant ?........................... 24
8. Comment les humeurs agissent-elles sur l'âme ? ............ 26
9. Comment la notion de mélancolie investit-elle la poésie ?. 28
10. Rabelais, auteur comique ou auteur humoristique ?..... 30
11. L'humour est-il une invention de l'esprit moderne ? ..... 32
12. L'humoriste est-il un chien ? .................................... 33
13. Quelles sont les cibles préférées de l'humoriste ? .......... 35

**II. — Le passage des humeurs à l'humour sur la scène élisabéthaine**

14. Que voulait dire *humour* à l'époque élisabéthaine ? ..... 38
15. Quelles sont les implications de l'émergence des verbes *to humour* et *to humorize* dans le parler élisabéthain ? ...... 40
16. Pourquoi le mot *humour* est-il un non-sens ? .............. 41
17. Comment Ben Jonson porte-t-il les *humours* à la scène ? 44
18. Ben Jonson a-t-il de l'humour ? ................................ 47
19. Quels sont les personnages les plus emblématiques de l'émergence de l'humour sur la scène théâtrale anglaise ?... 48
20. Que faut-il au mélancolique pour qu'il devienne un humoriste ? ........................................................... 50
21. Que faut-il au bouffon pour qu'il devienne un humoriste ? ............................................................... 52
22. En quoi l'humoriste est-il un *mome* ? ......................... 54

23. À quoi reconnaît-on la mélancolie d'Hamlet ? ............. 56
24. Hamlet est-il fou ? ............. 58
25. Quel est le moment le plus emblématique de l'émergence de l'humour sur la scène élisabéthaine ? ............. 60
26. Peut-on faire la part de l'humour et de l'ironie dans le drame élisabéthain ? ............. 62

**III. — L'élaboration du concept de l'humour depuis le XVIIe siècle**

27. Y a-t-il plusieurs types d'humour ? ............. 65
28. Au nom de quoi l'humoriste prône-t-il le cannibalisme ? 67
29. L'humour consiste-t-il dans un renversement de perspective ? ............. 69
30. L'humour est-il objectif ou seulement subjectif ? ............. 71
31. Pourquoi l'humoriste est-il proche du religieux ? ............. 73
32.Où est l'humour dans les contes grotesques d'Edgar Poe ? ............. 74
33. Où est l'humour dans le *nonsense* de Lewis Carroll ?... 77
34. Peut-on parler d'humours nationaux ? ............. 80
35. Comment l'humour diffère-t-il du comique ? ............. 82
36. L'humour dépend-il d'une entente tacite entre l'auteur et son public ? ............. 83
37. La représentation humoristique possède-t-elle des caractères spécifiques ? ............. 85
38. Comment l'humour génère-t-il du plaisir ? ............. 87
39. L'humour est-il un corrélat de la mélancolie ? ............. 89

**IV. — La noirceur de l'humour**

40. Peut-on définir l'humour ? ............. 91
41. Quel sort les surréalistes ont-ils réservé à l'humour ? ... 93
42. Alfred Jarry a-t-il une descendance ? ............. 95
43. Pourquoi l'humour est-il un élément essentiel du Théâtre de la Cruauté ? ............. 97
44. Y a-t-il un humour proprement cinématographique ?... 99
45. Pourquoi les Marx Brothers sont-ils pris comme aune en matière d'humour ? ............. 100
46. Quelle posture adopte l'humoriste par rapport à la loi ?.. 102
47. Comment l'humoriste devient-il « le comédien de ses propres événements » ? ............. 103

48. Comment l'humoriste surmonte-t-il la folie ? ............... 106
49. Y a-t-il des lieux ou des figures de rhétorique spécifiques à l'humour ? ............... 108
50. Comment l'humour se distingue-t-il de l'esprit ? .......... 110

**Bibliographie** ............... 115

**Index des noms d'auteur** ............... 121

# Références

*Cet ouvrage ne comportant pas de notes, les références ont été incorporées dans le texte. Nous indiquons l'auteur, le titre ou la date de parution, et le numéro de page (et éventuellement le tome) correspondant à l'édition citée dans la bibliographie. Lorsque nous citons un auteur dans l'édition de ses Œuvres complètes, nous n'indiquons que le tome (en chiffres romains) et la page (en chiffres arabes). Nous traduisons les titres des ouvrages étrangers ; mais si aucune traduction n'est signalée dans la bibliographie, c'est nous-même qui avons traduit la citation.*

# AVANT-PROPOS

Aucune pensée n'échappe à des présupposés. Plutôt que de les dissimuler sous couvert d'une érudition intimidante, ou d'un mode d'argumentation ne donnant pas prise à la réfutation, nous préférons les afficher d'emblée.

Nous pensons, avec Hegel, que « l'humour véritable a toujours été très rare » (*Esthétique*, p. 391). Par conséquent, nous mettons le lecteur en garde contre un premier malentendu. Dans *L'Ère du vide,* Gilles Lipovetsky démontre à juste titre le développement généralisé du code humoristique dans nos sociétés postmodernes et surtout là où la communauté se met en représentation, dans les médias, les arts et la publicité. Le sens de l'humour d'aujourd'hui ayant évincé l'esprit de la veille, il est l'apanage de ceux qui « aiment rire », qui ne se prennent pas trop au sérieux, et se moquent gentiment des rigidités humaines et institutionnelles. Or, si le mot finit par devenir un simple synonyme de « comique », « drôle », « plaisant », et « risible », l'humour n'aura plus de statut éthique ni de spécificité esthétique. Cette éventualité commande la visée ultime de cette étude : restituer à la notion d'humour les valeurs qu'elle est en passe de perdre.

Nous pensons également que « ce tour d'esprit proprement moderne qu'est l'humour délibérément cultivé », selon l'expression de Klibansky, Panofsky et Saxl, « est un corrélat de la mélancolie » (*Saturne et Mélancolie*, p. 380). Il s'ensuit que toute tentative de comprendre le phénomène de l'humour doit prendre en compte celui de la mélancolie : non seulement ils s'éclairent mutuellement, mais ces deux phénomènes ne peuvent être conceptualisés que par le biais d'une élaboration commune. Or, les manuels sur l'humour actuellement en circulation – *L'Humour* de

Robert Escarpit (coll. Que sais-je ?), *L'Humour en Angleterre* d'Alexandre Mavrocordato (Aubier), ou *Anatomie de l'humour et du nonsense* d'Albert Laffay (Masson et Cie) –, outre qu'ils passent sous silence l'idéalisme allemand, la psychanalyse et la philosophie française depuis Alain et Bergson, se contentent de mentionner l'enracinement de l'humour dans la doctrine des humeurs, sans en examiner les conséquences. Nous nous donnons pour tâche de combler ces lacunes.

Notre étude présentera la notion d'humour de manière historique, voire archéologique. Voyant dans l'idée d'humeur (noire) un moyen de départager l'humour et les phénomènes comiques avoisinants, nous consacrerons la première partie à la médecine humorale et à l'humour des médecins et des philosophes (Hippocrate, Démocrite, Diogène, Aristote, Rabelais). L'émergence sur la scène littéraire européenne de l'humour délibérément cultivé se situe aux alentours de 1600 : *Hamlet* de William Shakespeare nous semble exemplaire à cet égard. La deuxième partie traitera donc des aléas du mot et de la chose dans l'Angleterre élisabéthaine. La troisième partie exposera les étapes de l'élaboration du concept de l'humour depuis le XVII^e siècle, et la quatrième proposera une nouvelle manière de considérer l'humour en s'appuyant sur certaines des expériences les plus extrêmes du XX^e siècle. Nous avons voulu également renouveler le répertoire d'exemples humoristiques. Les meilleures études du passé renvoyant presque toujours à Cervantès, Swift et Sterne – auteurs décidément « incontournables » –, nous nous efforcerons de suivre d'autres généalogies, d'autres affinités non pas « spirituelles » mais « humoristiques » : celle en particulier qui relie Diogène le Cynique à Villon, Rabelais, Sade, Poe, Baudelaire, Jarry, les Marx Brothers et Artaud.

# I
# LA SCIENCE ANTIQUE DE L'*HUMOR*

## 1 *Y a-t-il un rapport entre les mots* humeur *et* humour ?

Le rapport entre l'humour et l'humeur s'inscrit dans l'étymologie même du mot *humour*. Emprunté à la langue anglaise au cours du XVIII^e siècle, il n'est autre, comme Voltaire le fait remarquer à l'abbé d'Olivet, qu'« un ancien mot de notre langue [*humeur*] employé en ce sens ["humour"] dans plusieurs comédies de Corneille » (lettre du 20 mars 1761). Ainsi, comme pour le « franglais » en général, son insertion dans la langue n'est pas dictée par des déficiences structurelles. La langue française est en fait la seule où l'étymon latin *humor* subsiste sous deux lexies différentes. Aux oreilles des Anglais, des Espagnols ou des Italiens, l'humeur et l'humour battent d'un même pouls.

Il existe donc dans ces langues une forme unique à laquelle correspondent plusieurs couches de sens. La strate supérieure, « une sorte de gaieté railleuse et originale » selon la définition élégamment indéfinie d'Émile Littré, se rattache au champ sémantique du rire. La strate intermédiaire inscrit *humour* au nombre des termes indiquant un état d'esprit, ou une disposition passagère de l'âme. La strate la plus enfouie situe les *humours* au niveau des choses du corps : le mot sert à désigner tout ce qui est flux, « fluence » ou effluence à l'intérieur ou à la sortie du corps, par opposition aux « figures » ou organes, lesquels constituent l'autre versant de la physiologie ancienne. Les aléas de la diachronie, en ce qui concerne la langue française, ont simplement détaché la couche superficielle du tuf.

Parmi les humeurs du corps, l'une en particulier se signale dès l'antiquité grecque par sa propension à perturber les fonctions du cerveau et les facultés de l'âme : la bile noire, ou *melankholè*. Depuis le *Problème XXX* d'Aristote jusqu'à *L'Anatomie de la mélancolie* de Robert Burton, en passant par les *Lettres* apocryphes d'Hippocrate, le corpus galénique, et le *De Triplici Vita* de Marsile Ficin, la bile noire est posée comme puissance psychotrope de première importance. La Renaissance anglaise en particulier lui témoigne un intérêt extraordinaire. Plus tard, vers le milieu du XVIII^e siècle, simultanément à l'emprunt du vocable anglais *humour*, la langue française adopte le terme qui, par métonymie – la rate étant le « siège » de la mélancolie –, désigne cet organe dans la langue anglaise : *spleen*. Deux emprunts à la nomenclature anglaise sont donc effectués au même moment pour dénommer un seul et même complexe lié à la constitution corporelle, au climat et aux mœurs du peuple voisin : voilà que d'un seul geste la langue française sépare et recolle, dans l'esprit de ses usagers, l'humeur et l'humour. Car si la bile noire est l'humeur par excellence, elle est tout autant le ressort secret de l'humour. L'ancrage de ce dernier dans la « complexion » singulière d'un état de corps indique qu'au fond, selon le mot de Fernand Baldensperger, « il n'y a pas d'humour, il n'y a que des humoristes ».

## 2 *Qu'est-ce que l'humorisme médical ?*

Les textes fondateurs de la médecine occidentale, rédigés pour la plupart dans la deuxième moitié du V^e siècle et au début du IV^e siècle avant J.-C., présentent l'état de l'art médical ainsi qu'il fut pratiqué à cette époque par les écoles de Cos et de Cnide. Malgré leur caractère hétéroclite, ils constituent un corpus unique que la tradition attribue en vrac à un seul de ses auteurs : Hippocrate de Cos, du *génos* des Asclépiades. S'il ne fut pas le premier médecin, sa renommée tient à ce qu'il introduisit « la conception historique de la maladie, l'idée que les maladies ont un cours, depuis leurs premiers signes jusqu'à leur apogée ou crise, puis jusqu'à leur heureuse ou fatale conclusion » (Oliver Sacks, 1988, p. 10). Voyant dans les humeurs la cause prochaine, sinon première des maladies, Hippocrate en vient à donner une importance primordiale à ces seuls éléments, d'où le nom d'« humorisme » par lequel on désigne sa doctrine. Car l'humeur, comme la pulsion freudienne, est d'abord la pièce maîtresse d'un schéma explicatif, elle est une « convention », une fiction anthropologique qui n'a de commun avec les liquides de la biologie moderne que les noms sous lesquels elle distribue ses espèces : sang, lymphe, bile. Or cette « fiction » fut d'une ténacité surprenante, l'anthropologie de la Renaissance en matière humorale n'étant que la décantation des traditions grecque et arabe, délayée dans un bain « christianisant ». C'est dire le pouvoir de persuasion qu'elle a pu exercer sur l'imaginaire occidental pendant plus de vingt siècles d'observation et de pratique médicales.

« Le corps, dans la médecine antique », écrit Jackie Pigeaud dans « L'humeur des anciens », « est essentiellement une chose poreuse, percée d'une infinité de trous, de canaux, les uns perceptibles aux sens, les autres non, dans lesquels circulent des liquides et de l'air » (p. 51). Ces derniers peuvent emprunter la voie qui leur chaut – veine, capillaire, nerf, bronche, trachée, œsophage, intestin, os, articulation, urètre – car le corps communique partout avec lui-même : « Tous les vaisseaux communiquent et s'écoulent l'un dans l'autre ; en effet, les uns s'abouchent avec eux-mêmes, les autres sont en communication par les veinules partant des vaisseaux qui nourrissent les chairs » (*Des lieux dans l'homme*, III, 6). Bien que la bile et le phlegme soient les humeurs les plus importantes au plan nosologique, l'eau, le sang, la *pneuma* (l'air, le souffle), et une humeur séreuse et purulente appelée *îchor,* peuvent également constituer la matière des fluxions. Mais quelle que soit la nature de la substance fluente et quel que soit le passage qu'elle emprunte, certains avatars sont communs à presque tous les cas de fluxion nocive à l'intérieur du corps. Ces avatars ne sont autres que les *kairoi* au sens temporel du terme, « les moments décisifs de la maladie, moments cruciaux pour l'action thérapeutique, au nombre desquels figurent le début du mal (*archè*), son point culminant – acmè – et l'heure où la maladie « se juge » – krisis » (Monique Trédé, 1992, p. 179). Ces instances constituent les coordonnées d'une dramatique médicale qui explique l'aisance avec laquelle les humeurs se sont épanchées plus tard sur la scène élisabéthaine.

## 3 *Qu'entend-on par « mélancolie » dans la médecine antique ?*

Les noms des humeurs, de même que les adjectifs qui en dérivent, possèdent dès l'origine une double valeur physique et morale. Au premier chef, la *melankholè* désigne tour à tour une substance dans le corps et une disposition de l'esprit. Si nous nous efforçons de traduire la première par « bile noire » et la seconde par « mélancolie », ce souci de clarté demeure étranger aux médecins humoristes décidément récalcitrants à l'idée que l'esprit d'un être humain soit transcendant à son corps matériel. Pour autant qu'elle est une chose (*causa*) et une cause pleinement corporelles, il revient à la bile noire d'effectuer la mélancolie dans la chair et les viscères mêmes du malade. Cependant, la cause relève également de la « causerie », du discours qui s'ajoute aux choses pour en dire la raison. À la série causale corporelle correspond donc une série causante langagière : le diagnostic et le pronostic proférés verbalement par le médecin. La ligne de partage ne passe pas entre le psychique et l'organique mais entre, d'un côté, les corps, leurs fluides, leurs mélanges, et les dispositions humorales qui en découlent – y compris cette gaieté singulière, macabre ou morose, par laquelle on voit que la ligne de faille passe aussi à l'intérieur de l'humour –, et de l'autre côté, le régime du *logos* au sens le plus large du terme : voix, parole, langage, raison, la capacité qu'a l'homme de tirer parti de son absence de ressources, cette puissance d'utiliser d'autres puissances selon des procédés qui relèvent d'une *techné.*

C'est à Polybe, le gendre d'Hippocrate, que l'on doit la distinction complètement arbitraire entre la bile jaune et la bile noire. De toutes les humeurs (*khumoi*) énumérées par les Anciens, celle-ci est la seule à laquelle la biologie moderne refuse toute espèce de foi, la ravalant au rang d'un concept fantaisiste qui aurait été « rêvée » afin d'expliquer des troubles mentaux précédemment tenus pour sacrés. Aussi les affections de l'imagination sont-elles, à partir du IVe siècle avant notre ère, portées au compte d'une substance tout aussi imaginaire et admise au nombre des humeurs fondamentales plus par souci d'élégance théorique – instituer une tétrade physiologique (bile, bile noire, flegme, sang) qui correspondrait à celles, élémentaire (feu, terre, eau, air) et qualitative (chaud, froid, sec, humide), mises en place par Empédocle – que par souci de fidélité à la réalité corporelle. Cette substance se distingue de la bile ordinaire par sa noirceur – d'où ses appellations, *melagkholia, cholera nigra* – dont elle constitue en quelque sorte la substantification, subsumant en elle toutes les connotations auxquelles est associée cette couleur : la nuit, la mort, la combustion, le mal. À celles-ci s'ajoutent les propriétés gustatives de la bile : l'âcreté, l'amertume, ainsi que d'étranges propriétés thermo-dynamiques et pneumatiques qui font d'elle une « puissance de contraires ».

Trois textes ont fondé, aux dires des historiens de la mélancolie, l'engouement bimillénaire pour cette fiction médicale. En premier, l'aphorisme hippocratique (VI, 23) qui lie la persistance de la crainte et de la tristesse à un état mélancolique ; deuxièmement, le début du *Problème XXX,* traditionnellement attribué à Aristote, d'après lequel les hommes d'exception seraient, sans exception, mélancoliques ; et troisièmement, les lettres apocryphes d'Hippocrate au sujet de la folie présumée de Démocrite.

« Quand la crainte et la tristesse persistent longtemps, c'est un état mélancolique. » L'aphorisme d'Hippocrate, tout en mettant en rapport une humeur (la bile noire) avec certaines dispositions de l'âme (la crainte, la tristesse), évite toutefois, de par sa structure paratactique, de fixer l'orientation causale du rapport : l'humeur provoque-t-elle de telles « perturbations », ou bien est-elle mise en branle par celles-ci ? Si Hippocrate est le premier à mettre le *thumos* (« affectivité ») en rapport avec la *krasis* (« mélange ») humorale, c'est néanmoins dans le cadre de la pensée aristotélicienne que la nature de leur lien se précise.

## 4 *Pourquoi les gens d'exception sont-ils mélancoliques ?*

« Pour quelle raison », demande l'auteur du *Problème XXX*, « tous ceux qui ont été des hommes d'exception, en ce qui regarde la philosophie, la science de l'État, la poésie ou les arts, sont-ils manifestement mélancoliques, et certains au point même d'être saisis par des maux dont la bile noire est l'origine, comme ce que racontent, parmi les récits concernant les héros, ceux qui sont consacrés à Héraclès ? » La formulation du problème recèle déjà deux suppositions apparemment irrécusables : premièrement, tout homme d'exception (*perittos*) pâtirait d'un excès humoral (*perissôma*) ; deuxièmement, la bile noire serait la cause de cette autre forme d'excès qu'est l'extase furieuse ou la manie, communément attribuée à l'intervention d'une puissance divine. Tel est le sens de l'allusion à Héraclès qui occupe, avec Ajax et Bellérophon, la tête de la liste de ces hommes d'exception tour à tour inspirés et abattus par une surabondance chronique de bile noire. C'est ainsi que les grands héros tragiques se voient ravalés au rang de simples malades ; comme le remarque Jean Starobinski à propos d'Ajax s'en prenant à un troupeau de bovins sur la grève, « ce n'est plus la colère du dieu offensé qui l'aiguillonne et l'égare, mais la loi du corps » (1974, p. 65). Pour l'auteur du *Problème XXX*, la « mélancolie » d'Héraclès est évidente si l'on en juge par « l'accès de folie [*ek-stasis*] dirigé contre ses enfants comme, avant sa disparition sur l'Oeta, l'éruption des ulcères [*ek-phusis*] ». Le terme d'*ekstasis*, remarque Jackie Pigeaud dans *L'Homme de génie et la Mélancolie*, convient mieux à la physiologie de l'auteur que celui, par exemple, de *mania*. C'est que « la bile noire échauffée cherche à *sortir*. Elle peut le faire sous la forme de l'égarement de la pensée. Elle fait sortir l'individu de lui-même. Elle peut sortir par la peau et créer des ulcérations » (p. 41). Les phénomènes psychiques et physiques sont mis sur le même plan : tout dépend du lieu de dépôt de la bile noire dans l'organisme.

Les dispositions qu'engendre le mélange mélancolique ne s'organisent pas en système : les craintes et les tristesses mal fondées ne caractérisent pas plus le mélancolique qu'une propension marquée à la luxure, au bavardage ou à la manie. Ce qui distingue le caractère mélancolique, c'est son extrême mobilité, la rapidité de ses altérations. Ceci est dû à une propriété dont la bile noire semble être l'unique détentrice, celle de connaître presque instantanément d'énormes écarts de température : d'après Aristote, « il est possible, au besoin, que la diathèse [mélange] trop chaude soit en même temps, tout au contraire, froide ». Et parce que « c'est le chaud et le froid qui façonnent le caractère », et que « la puissance de la bile noire est inconstante, inconstants sont les mélancoliques » (*L'Homme de génie et la Mélancolie*, p. 107).

Tout un ensemble de facteurs entre en jeu dans l'équilibrage de la bile noire et du *thumos* (« affectivité ») : la quantité, la température, la localisation de l'humeur dans le corps, les circonstances extérieures : « C'est ainsi que l'annonce d'un péril, si elle rencontre un état particulièrement froid du mélange, rend lâche [...]. Mais si le mélange est plus chaud, la peur rétablit l'individu dans un état moyen, et l'individu connaît à la fois la peur et l'absence de trouble » (*ibid.*, p. 99). Autrement dit, l'excès ne se mesure point selon une norme absolue mais toujours par rapport au *kairos :* « Quand, en effet, le mélange est trop froid pour l'occasion [*kairos*], il engendre des dysthymies sans raison » (*ibid.*, p. 101). La *temperatura* (au sens de « tempérament ») dépend du *temperamentum* (au sens de « juste proportion »). Tout est affaire de dosage, une trop forte concentration de bile noire pouvant faire sombrer le génie dans la folie. C'est pourquoi, en tant que médecin, il faut savoir tempérer, mais aussi temporiser, il faut savoir « couper » l'humeur comme on coupe le vin, et cela au point critique et opportun (*kairos*) de la maladie.

## 5 *Pourquoi la médecine humorale associe-t-elle le rire et la mélancolie ?*

Bien que leur historicité s'avère peu fiable, les *Lettres* d'Hippocrate, troisième texte fondateur dans l'histoire de la mélancolie, reprennent toute leur importance à être considérées pour ce qu'elles sont : des proto-romans épistolaires, faisant partie de cette littérature hellénistique où Mikhaïl Bakhtine décèle les lointaines origines du roman dialogique. Les thèmes de la peste et de la folie, de la bile noire et du rire irrigueront toute la culture carnavalesque, ainsi que ses avatars littéraires : le « réalisme grotesque » des XVe et XVIe siècles et le grotesque romantique. Aussi leur postérité s'avère-t-elle plus tardive que celle du *Problème XXX*. Tandis que les implications de ce dernier seront relevées par les médecins hellénistiques dès les premiers siècles de notre ère (Rufus d'Éphèse, Claude Galien de Pergame), le gisant moral et romanesque de la mélancolie devra attendre le XVIe siècle pour être pleinement exploité.

Parmi ces lettres, celles qui ont le plus intéressé la postérité se rapportent à Démocrite. Les Sénateurs de la ville d'Abdère, soucieux de l'état d'esprit de leur illustre concitoyen, appellent Hippocrate à la rescousse ; « la grande sagesse dont il est plein », écrivent-ils à propos de Démocrite, « a fait de lui un malade » : il oublie d'accomplir les gestes les plus simples de la vie, il reste éveillé nuit et jour, il chante tout seul à mi-voix, il tient des propos incompréhensibles sur l'Hadès, l'infini et ce qu'il appelle des « simulacres » ; mais surtout, le plus dérangeant, c'est qu'il rit de tout (*Sur le rire et la folie*, p. 37). Hippocrate accepte de leur venir en aide, même si, dans les lettres qu'il envoie à ses amis pour préparer son voyage, il se montre circonspect, la mention des idées-clés de la philosophie démocritienne parmi les autres symptômes l'ayant rendu méfiant à l'égard du bien-fondé des craintes de ses suppliants. Toutefois, l'un de ces soi-disant symptômes le retient et l'inquiète : « son rire à tout propos présente quelque chose de malsain ». C'est en vertu de ce seul trait qu'il se permettra de dire à Démocrite : « Tu es travaillé par la bile noire » (*ibid.*, p. 59).

Dès leur première rencontre, Hippocrate attribue l'apparente folie de son « patient » non pas à une maladie humaine mais à la visitation d'un dieu. Il le voit écrire « dans un transport d'enthousiasme ». Or, ce qu'écrit Démocrite sous la dictée divine n'est autre qu'un traité qui explore ce dont il serait victime : la folie. Il dissèque des animaux afin de déterminer « la nature et le siège de la bile ; car c'est elle [...] qui dérange l'esprit des hommes ». Pour Hippocrate, tout cela est parfaitement sensé ; pourquoi, alors, Démocrite rit-il tant ? La réponse sera capitale pour l'évolution du thème de la folie dans la culture occidentale :

« je ris d'un unique objet, l'homme plein de déraison ». Si lui, Démocrite, est fou, les autres le sont aussi, par un autre biais, car ils « détournent tout dans le sens de leur désir particulier » et, ce faisant, « transgressent les lois de la vérité » (*ibid.* p. 83-86).

Par le biais de ces *Lettres,* donc, la notion de folie entame un nouveau registre. Alors que Démocrite, dans son propre cas, lorgne à la fois du côté de la transcendance platonicienne (enthousiasme) et de l'immanence aristotélicienne (mélancolie), la folie qu'il vise et condamne chez ses concitoyens est d'une autre espèce. Il mesure leur déraison non pas à l'aune de l'irrationnel et du point de vue médical, mais à celle du déraisonnable et du point de vue de la philosophie morale. C'est en vertu d'une telle distinction que Cicéron peut traduire, dans les *Tusculanes disputationes* (III, 5, 2), les notions éminemment dissemblables de la *mania* et de la *melankholè* par un seul et même terme, *furor,* afin de l'opposer à l'idée d'*insania,* laquelle désigne toute forme de non-sagesse, et s'applique aussi bien à l'homme mûr, esclave de ses passions et pétri de vices, qu'à l'enfant *infans* (« qui ne parle pas »).

Démocrite est peut-être furieux, mais il n'est point insane. En effet, Hippocrate le félicite d'avoir « découvert la vérité de la nature humaine », vérité à laquelle Érasme saura rendre tout son éclat. Dans *Éloge de la folie* (1509), la Folie, dont le rôle consiste à « exciter des éclats de rire », distingue soigneusement entre deux types de démence : « Il en est une que les Furies déchaînent des Enfers, toutes les fois qu'elles lancent leurs serpents et jettent au cœur des mortels l'ardeur de la guerre, la soif inextinguible de l'or, l'amour déshonorant et coupable, le parricide, l'inceste, le sacrilège [...]. L'autre démence n'a rien de semblable ; elle émane de moi et c'est la plus souhaitable chose. Elle naît chaque fois qu'une douce illusion libère l'âme de ses pénibles soucis, et la rend aux diverses formes de la volupté » (ch. 38). Or, c'est cette double appréhension de la folie qu'entérinent les *Lettres* du pseudo-Hippocrate.

La vogue dont jouissent les *Lettres* à la Renaissance s'explique surtout par le portrait du « morosophe », ou « folsage », qu'elles lèguent à une époque dont toutes les expériences majeures, nous rappelle Michel Foucault, sont liées à la folie. Les lettres qui se rapportent à Démocrite présentent en filigrane une véritable typologie de l'aliénation mentale. Un mélancolique authentique poursuit des recherches sur les assises biologiques de sa folie, empruntant pour cela deux voies radicalement différentes : l'une, religieuse, relevant de l'inspiration divine, l'autre, « scientifique », comportant la dissection d'animaux. Sa folie, ou plutôt, ses folies, la manie (fureur divine) et la mélancolie (excès de bile noire), ont pour conséquence non pas une diminution de ses facultés intellectuelles mais, bien au contraire, leur accroissement, et constituent les ressources principales d'une lucidité hors pair. Or le corrélat de cette lucidité, à savoir la conscience aiguë de l'inconscience des autres, l'appréhension d'une folie pire que la sienne, entraîne des accidents – le fou rire, la misanthropie – qui sont perçus par le vulgaire comme étant des signes d'une folie malsaine que seule leur folie à eux induit à interpréter de la sorte. Ainsi une folie supérieure – il importe peu de savoir si elle est le don d'un dieu ou le fait d'une humeur – rejoint une sagesse exemplaire par-delà une sagesse mondaine tout entière vouée à la satisfaction éphémère des passions les plus viles et qui, du point de vue de la vraie sagesse, n'est que folie.

## 6 *Que devient le rire de Démocrite à la Renaissance ?*

Les *Lettres* hippocratiques représentent une première échappée de l'humeur noire hors du discours physiologique, et leur mise en vogue à l'époque élisabéthaine n'est pas étrangère à l'évolution littéraire des *humours*. Deux auteurs anglais « s'arrogent » le nom de Démocrite : Samuel Rowlands, auteur de satires en vers et d'épigrammes aux titres à consonance médicale ; et Robert Burton, qui justifie l'emprunt en annonçant son intention d'achever le traité sur la folie laissé en suspens par le philosophe d'Abdère. *L'Anatomie de la mélancolie par Democritus Junior./ Avec une préface satirique* (1621) opère la confluence définitive des deux courants de la mélancolie : la mélancolie « scientifique » des traités médicaux et des modèles anthropologiques, et la mélancolie « littéraire » des satires, allégories, caractères et autres homélies.

L'esprit d'Érasme plane sur l'intégralité de cette entreprise gigantesque : Northrop Frye (1957) considère l'*Anatomie* comme

« la plus grande satire ménipéenne en anglais avant Swift » (p. 311), et les éditeurs de l'édition d'Oxford y voient un exemple de l'*encomium paradoxal* à l'instar de l'*Éloge de la folie (Encomium Moriae)*. En effet, Burton prétend l'avoir écrit « à des périodes d'indolence, aux alentours de nos saturnales ou fêtes dionysiaques, quand, comme disait l'autre, *nullum libertati periculum est* » (« Démocrite au lecteur », p. 122). Ne voulant pas « prostituer sa muse en anglais », ce prêtre érudit adopte deux genres caractéristiques de la littérature carnavalesque : le « Maceronicon » (un mélange de latin et de langue vulgaire) et le « cento » (une composition à base de citations d'origines diverses).

La première tâche que Burton s'impose, avant même d'aborder le sujet de la bile noire proprement dit, c'est de montrer que « tout le monde est mélancolique, ou fou, déraisonne ». Puis, cent pages plus loin, il fait semblant de mettre un terme à cette « digression impertinente » ; il cesse de tancer « ceux qui sont mélancoliques au sens figuré, fous métaphoriquement », afin d'« anatomiser cette humeur de mélancolie en toutes ses parties et espèces [...], et cela de manière philosophique et médicale, pour montrer les causes, les symptômes et les cures diverses de [...] cette maladie épidémique, qui si souvent, si fortement crucifie le corps et l'esprit » (« Démocrite au lecteur », p. 120-121).

L'humeur noire n'épargne nullement l'anatomiste : « J'écris sur la mélancolie, étant soucieux de l'éviter » ; ce faisant, non seulement il veut « anatomiser [sa] propre folie », mais il espère transformer la cause principale de sa maladie en *antidote* (*ibid.*, p. 20-21). Burton souligne l'essence antinomique de la bile noire dès le poème liminaire, « La Mélancolie abstraite par l'auteur, *Dialogikôs* ». En réalité, il s'agit d'un monologue dialectisé, le poème oscillant d'une strophe à l'autre entre l'exaltation et l'abattement : les joies de la solitude alternent avec les peines de l'isolement, la rêverie avec le remords, le fantasme avec le cauchemar, l'amour avec la jalousie, l'extase avec l'angoisse. Les refrains appuient ce mouvement cyclothymique : « Toutes mes autres joies ne sont rien comparées à la divine mélancolie. [...] Toutes mes autres souffrances prennent un aspect souriant comparées à la peine infernale de la mélancolie. » Or, comment dépasser cette dialectique stérile, sinon par un trait d'humour ? « Le cycle s'oppose au trait », nous rappelle Michel Schneider dans « Humoresques » : « La saillie de l'humour n'est pas la saute d'humeur [...]. Alors que dans l'humeur, il n'y a que des tonalités affectives, des mélanges variables et instables de plaisir et de déplaisir, l'humour neutralise les affects » (p. 277-279). Si l'humoriste est un anatomiste, comme disait Bergson, et l'humour « une transposition du moral en scientifique » (*Le Rire*, p. 129), l'anatomiste élisabéthain est aussi un humoriste, et ses traits de stylet une manière d'assumer son destin humoral.

## 7 *Pourquoi le mélancolique rit-il tant ?*

À en croire Démocrite, son rire aurait une fonction juridique et médicale à la fois : « Voici donc la cible de mon rire : les hommes insensés, que je condamne à expier leur méchanceté » (*Sur le rire et la folie*, p. 91). Du même coup, son rire s'avère être un remède autrement plus redoutable que les herbes sèches du médecin : « je suis sûr qu'avec mon rire tu rapporteras dans tes bagages, pour le bien de la patrie comme pour le tien, une médecine plus efficace que ton ambassade » (*ibid.*, p. 81). Cependant, Hippocrate avait d'abord soupçonné le rire éclatant, voire disséquant, du philosophe, de renvoyer à un dérèglement psycho-physiologique occasionné par la surabondance de la bile noire dans le corps. La tradition humorale, sous l'impulsion de Galien, va systématiser ce rapport en leur attribuant le même organe comme siège et tremplin pour leur action, celui-là même que Démocrite, dans une lettre adressée à Hippocrate, nomme dédaigneusement « l'hôte inutile et nuisible du corps, la rate ». « Car nous rions par la rate, nous nous irritons par le fiel, nous goûtons par le cœur, nous aimons par le foie », écrira Isidore de Séville dans son *Encyclopédie*. Toutefois, ces deux interprétations du rire – le rire critique et le rire mélancolique – ne se contredisent pas. En termes aristotéliciens, la bile noire constitue la condition de possibilité, la cause matérielle du rire ; mais ce dernier reste à l'état de potentialité errante tant qu'il n'a pas rencontré l'occasion extérieure qui lui permettra de devenir actif.

Si la bile noire soulève le rire fou, c'est la folie des hommes qui suscite le fou rire : la série passive, liée aux réactions humorales et musculaires, ne doit pas occulter la série active, qui renvoie aux paroles et aux comportements propres à susciter l'hilarité ou l'indignation. Le rire et le risible polarisent l'intégralité du champ du comique et ne sauront tous seuls définir l'humour, qui provient plutôt d'une transformation du champ lui-même. Les troubles que provoque la bile noire, ainsi que les actes déviants qui en découlent, s'avèrent soit pathétiques et criminels (et c'est le domaine de la tragédie) soit ridicules (et c'est le domaine de la comédie). Ils se voient soumis à une condamnation morale ou à un processus d'anéantissement comique. Nous n'avons affaire à de l'humour que si quelque chose survit à cette condamnation ou à cet anéantissement. Si l'humeur, si la folie, si la fureur, si le crime ou le vice recèlent quoi que ce soit de légitime ou d'admirable, on peut s'attendre à une coloration humoristique : aux dires de Theodor Lipps dans *Le Comique et l'Humour*, l'humour naît lorsque « ce qui est légitime, bon, sage, relativement à la personnalité [...] resurgit du processus d'anéantissement comique et se fait apprécier dans sa valeur brusquement reconnue » (dans Pirandello, *Écrits sur le théâtre et la littérature*, p. 122). Ainsi, les mélancoliques, qu'ils soient fous, criminels, fantasques ou franchement ridicules, peuvent se prévaloir d'une intelligence singulière. Selon Robert Burton (*Anatomie de la mélancolie*, 1621), « la bile noire fait avancer les conceptions des hommes plus que n'importe quelle autre humeur, et améliore leurs méditations plus que toute boisson forte, ou vin blanc ».

Si l'on se réfère à la *Poétique* d'Aristote, on comprend qu'une mélancolie bien dosée peut avoir les mêmes effets que la mélancolie furieuse : « L'art poétique appartient à l'être bien doué de nature (*euphyoûs*) ou au fou (*manikoû*) ; car les premiers se modèlent facilement (*euplastoi*) ; les autres sortent d'eux-mêmes (*ekstatikoi*) » (1455a 32). Or, non seulement le terme de *melagkholia*, mais aussi celui de *euphyoûs* connaîtront une grande vogue à la Renaissance anglaise, grâce au roman de John Lyly, *Euphues : The Anatomy of Wit* (1578). L'idée de *wit* (« esprit ») reprend les valeurs *d'euphues*, comme le démontre cette définition par Thomas Walkington (1607) du terme grec : « d'un naturel allègre, aigu, rapide à comprendre, doué d'imagination ; qui peut inventer avec facilité des plans d'action, des caprices et des stratagèmes tellement spirituels que celui qui n'a pas l'esprit aussi délié ne peut que l'admirer sans rivaliser avec lui » (*Le miroir des humeurs*, p. 42). À la suite d'Aristote, Walkington et les Élisabéthains font découler la disposition *euphyoûs* de la pureté du tempérament humoral. *Le Miroir des humeurs* énumère neuf formes de *wit* en fonction du mélange des humeurs : l'esprit du « singe » ou du contrefacteur (« apish wit ») ; l'esprit de celui qui croit chanter alors qu'il brait comme un âne (« foolish wit ») ; l'esprit gestuel (« Roscian wit ») ; l'esprit railleur « qui se moque de n'importe qui, n'importe comment, n'importe quand et n'importe où, en dépit des règles de la civilité » (« Scurril wit ») ; l'esprit énigmatique ; l'esprit obscène ; l'esprit du plagiaire (« Autolican or embezel'd wit ») ; l'esprit de celui qui rit de ses propres blagues et les vante en public (« Chance medlay wit ») ; et enfin, l'esprit « narquois, rapide et agile » qui caractérise ceux que nous qualifierons plus particulièrement de « spirituels ». Le contenu comique de la notion de *wit*, ainsi que la relation entre le type d'esprit et la complexion des *humours*, sont certainement pour quelque chose dans la gestation du sens moderne du mot *humour* – dont la première attestation, à en croire l'*Oxford English Dictionary*, daterait de 1682.

## 8 *Comment les humeurs agissent-elles sur l'âme ?*

Selon l'auteur du *Problème XXX*, la bile noire, ou mélancolie, se caractérise par sa faculté d'être très chaude et très froide quasiment au même moment. Puissance des contraires, elle semble réaliser leur impossible co-existence. Si l'on peut la comparer au vin, c'est parce qu'ils contiennent tous les deux du souffle (*pneûma*) : « Dans cette *pneûma* résidait une force motrice particulièrement stimulante qui mettait l'organisme en état de tension, affectait puissamment l'esprit, et recherchait, surtout dans l'acte sexuel, les moyens d'une véritable décharge d'air » (*Saturne et Mélancolie*, p. 77). Pour l'auteur du *Pro-*

*blème XXX,* le mode d'action de la *pneûma* est purement mécanique : sa seule vertu explicative concerne la physiologie de ces affections auxquelles le mélancolique se voit si souvent exposé : les maladies « venteuses » et l'érotomanie. Mais dans le contexte global de la médecine antique, la présence de la *pneûma* dans le mélange de la bile noire ne peut que nous alerter : la *pneûma* fera place au *spiritus,* et le *spiritus* aux *spiriti,* les esprits naturels, vitaux et animaux qui, selon les modèles anthropologiques de la Renaissance, véhiculent la pensée, le mouvement et la vie.

Aux dires de Nicolas de Cues et de Pic de la Mirandole, deux éléments de base constituent la nature humaine : le *corpus* et l'*anima.* Cette dernière se voit dotée de nombreuses facultés : la raison intuitive (*mens),* la raison discursive (*ratio*), l'imagination, la mémoire, le sens commun. Cependant, tant qu'elle demeure « enchaînée au corps et dépendante des organes physiques », l'âme ne reconnaît « les choses que de manière "discursive", c'est-à-dire non pas par une intuition immédiate, mais grâce à la combinaison du raisonnement et de l'impression des sens » (*Saturne et Mélancolie*, p. 161). Quant au *spiritus*, sa fonction est celle d'une copule « ni morale, ni physique », selon l'expression d'Antonin Artaud, lecteur féru des traités de science ancienne, « mais exactement entre les deux comme le corps essence du principe du sang » (XV, 168). Étant « au bout de toutes les ultra-ténuités du fluide » (XXV, 141) et n'ayant d'effet que dans le cerveau, le *spiritus humanus* noue l'âme au corps pour composer « ce nœud subtil, qui nous fait homme » (John Donne, « L'Extase »).

Le *spiritus* n'est que la somme des *spiriti*, comme en témoigne un résumé des plus élégants, dû à ce médecin humoriste qui édita à Lyon les *Aphorismes* d'Hippocrate : l'éloge des prêteurs et des débiteurs dans le *Tiers Livre* de François Rabelais. « La vie consiste en sang », nous dit Panurge. « Sang est le siège de l'ame. Pourtant un seul labeur poine en ce monde [à savoir, le corps humain], c'est forger sang continuellement. » Les métaphores culinaires, alchimiques et eucharistiques s'entremêlent : « La matière & metal convenable pour estre en sang transmué, est baillée par nature : Pain & Vin » – c'est-à-dire les vivres et les boissons. « La langue en faict l'assay : les dens la maschent : l'estomach la reçoit, digère & chylifie. » Cela constitue la première coction, ou cuisson : la transformation des aliments en chyle, moyennant les sucs digestifs. La matière qui en résulte s'achemine le long des veines jusqu'au foie : « Il la transmue derechef, & en faict sang. » C'est la deuxième coction. Le sang sera ensuite soumis à une série d'opérations de purification et de raffinement : « La ratelle en tire le terrestre, & la lie, que vous nommez melancholie. La bouteille du fiel en soubstrait la cholère superflue. Puys est transporté en une autre officine pour mieulx estre affiné, c'est le Cœur. » C'est ici qu'a lieu la troisième coction : la transformation du sang en esprits. « Par le ventricule gausche il le faict tant subtil qu'on le dict spirituel : & l'envoye à tous les membres par ses artères, pour l'autre sang des vènes eschauffer & esventer [...]. En fin tant est affiné dedans le retz merveilleux, que par à présent sont faictz les espritz animaulx, moyenans les quelz elle [l'âme] imagine, discourt, iuge, resoust, delibère, ratiocine, & rememore » (ch. 4). Les esprits confèrent la sensibilité et le mouvement aux membres inférieurs, ainsi que la pensée à l'encéphale, car, selon un précepte hippocratique, le mouvement est aux membres ce que l'intelligence est au cerveau. (Le « retz merveilleux » n'a aucun fondement anatomique. En effet, l'un des premiers coups portés à l'édifice humoral fut la preuve, avancée par l'anatomiste bruxellois Vésale, de son inexistence.)

## 9 *Comment la notion de mélancolie investit-elle la poésie ?*

Si les *Lettres* hippocratiques représentent une première échappée de la mélancolie hors du discours médical, il faut attendre la fin du Moyen Âge pour que se développe une « mérencolye » poétique. D'après Klibansky, Panofsky et Saxl, « le mot “mélancolie”, que l'on voit apparaître de plus en plus souvent dans les écrits populaires de la fin du Moyen Âge, trouva rapidement sa place chez les auteurs de belles-lettres, qui l'adoptèrent afin de colorer leurs descriptions des inclinations et des états de l'esprit. En se l'appropriant, ces auteurs modifièrent et déplacèrent la signification, à l'origine pathologique, de la notion de mélancolie, en sorte qu'elle s'assimila progressivement à l'idée d'une "humeur" plus ou moins passagère. Ainsi, parallèlement à son sens proprement scientifique et médical, le mot acquit une autre signification, que l'on peut dire "poétique" » (*Saturne et Mélancolie*, p. 352).

La poésie du XV^e^ siècle voit naître une allégorie de la mélancolie. Alain Chartier (1428) la décrit ainsi : « une vieille femme, toute désordonnée dans sa mise et pourtant à icelle indifférente, maigre, sèche et flétrie, le teint pâle, plombé et terreux, le regard tourné vers le sol, le parler hésitant et la lèvre tombante » (*Espérance, ou Consolation des trois vertus*, ch. 1). À la fin du siècle suivant, Cesare Ripa (1593) fixe les traits iconologiques de ce même personnage : « Une vieille femme, triste et affligée, vêtue de méchantes hardes, et dépourvue du moindre ornement, sera assise sur une pierre, les coudes posés sur les genoux, et les deux mains sous le menton » (*Iconologia*). Sa représentante la plus célèbre est la Belle Heaulmière du *Testament* de François Villon, entourée de « povres vielles soctes,/ Assises bas à cruppetons » (vers 526-527).

Si la bile noire est l'humeur par excellence, avons-nous dit, elle est tout autant le ressort secret de l'humour : « C'est à l'époque même où s'épanouissait la grande poésie grâce à laquelle la mélancolie trouva une expression que l'on vit naître ce tour d'esprit proprement moderne qu'est l'humour délibérément cultivé : cette pose, à n'en point douter, est un corrélat de la mélancolie » (*Saturne et Mélancolie*, p. 380). La vie et l'œuvre de François Villon en est la preuve. Religieux désargenté et marginalisé, il participa aux chahuts estudiantins ainsi qu'à des heurts violents avec la police. En 1455 il tua un certain Philippe Sermoise et l'année après, participa au cambriolage du Collège de Navarre. Il entama par la suite une vie d'errance entrecoupée par des séjours en prison, une fois en 1461 pour avoir fait partie d'une troupe de saltimbanques, et une autre fois à la geôle de Châtelet où il fut torturé et condamné à être étranglé et pendu. Comme le prisonnier qui, emmené à la potence un lundi matin, déclare : « Eh bien ! la semaine commence bien ! », Villon aurait pu fournir à Freud des exemples de l'humour *in extremis :* « Je suis François, dont il me poise,/ Né de Paris emprès Pontoise,/ Et de la corde d'une toise/ Saura mon col que mon cul poise ». Sa condamnation à mort fut commuée en bannissement de la ville de Paris et il devint, à en croire Rabelais, homme de théâtre en province, farceur et acteur de soties : le Seigneur de Basché, dans le *Quart Livre*, raconte la mort d'un clerc à la suite d'une diablerie orchestrée par Maître Villon et sa troupe (ch. 13). Il s'agit là d'un bon tour, mais d'une brutalité inhabituelle, ou plutôt d'une brutalité devenue inhabituelle, car Mikhaïl Bakhtine insiste sur la teneur violente des fêtes et des spectacles au Moyen Âge. Cette virulence informe le langage de Villon lui-même, les grossièretés, injures, jurons, obscénités et blasphèmes constituant l'une des formes de la culture comique populaire, avec les spectacles et les ouvrages facétieux.

## 10 *Rabelais, auteur comique ou auteur humoristique ?*

L'éditeur d'Hippocrate en France se révèle le plus grand des humoristes, au double sens du terme (« partisan de l'humorisme » ; « qui s'exprime avec humour »), pour avoir intégré l'écriture de romans comiques à la pratique médicale proprement dite. Ce faisant, « M. Fran. Rabelais docteur en médecine » se réclame d'Hippocrate lui-même : l'épître liminaire du *Quart Livre* évoque la manière dont Hippocrate décrit « l'institution du medicin son disciple [...] comme s'il deust iouer le rolle de quelque Amoureux ou Poursuyvant en quelque insigne comœdie ». Rabelais accentue davantage le caractère théâtral en transposant librement la fin du cinquième paragraphe du premier livre des *Épidémies :* « De faict la practique de Medicine bien proprement est par Hippocrates comparée à un combat, & farce iouée à trois personnages : le malade, le medicin, la maladie. »

Comment le romancier humoriste opère-t-il ? Dans le prologue de *Pantagruel*, Alcofrybas Nasier vante les propriétés curatives de la « chronicque Gargantuine » : « D'aultres sont par le monde (ce ne sont pas faribolles) qui estans grandement affligez du mal des dentz, après avoir tous leurs biens despenduz en medecins, n'ont trouvé remede plus expedient, que mettre lesdictes chronicques entre deux beaulx linges bien chaulx, & les applicquer au lieu de la douleur, les sinapizant avecques ung peu de pouldre d'oribus. » L'image est cocasse mais, comme toujours chez Rabelais, d'une logique imperturbable. D'une part, elle indique la nature du remède en désignant le lieu le plus propice à son effectuation : les mâchoires, les muscles zygomatiques. Et d'autre part, en raison du transfert métonymique « rabaissant » qui substitue le livre matériel à son contenu linguistique, elle engendre la même « cure risifique » chez le lecteur que celle dont elle est la symbolisation.

Si ce n'était la relative univocité sous sa plume du terme *humeur,* l'œuvre de François Rabelais nous semblerait aussi emblématique de l'émergence de l'humour que celle des dramaturges élisabéthains. Mikhaïl Bakhtine souligne sa *bivalence* en tant qu'œuvre charnière d'une période charnière (entre le Moyen Âge et les Temps modernes), mais il privilégie le versant moyenâgeux : cette vieille culture populaire qu'irriguent le rire du Carnaval et les extravagances d'un « réalisme grotesque » à mille lieues d'un comique bourgeois où le rire s'embarrasse de formes étriquées dénommées « humour », « ironie », « sarcasme »... En fait, Bakhtine ne prend pas suffisamment en compte la distance qui sépare le *Tiers Livre* des deux premiers dans l'œuvre rabelaisienne. Le ton nouveau, après onze années de silence, de ce troisième volume, se caractérise justement par l'ascendance de l'humour sur le grotesque. Quelle que soit la nature exacte des circonstances extérieures – la guerre, la pauvreté, l'animosité de l'Église ou la mort d'un protecteur – qui infléchissent de cette manière l'humeur de l'écrivain, leur décantation sous forme de fiction se concentre en la personne de Panurge. Personnage badin, futé et mercuriel dans le *Pantagruel*, son « desguisement » ultérieur étonne en premier lieu ses compagnons : « Ie me esbahys de vous », lui dit Epistemon, « que ne retournez à vous mesmes, & que ne revocquez vos sens de ce farouche esguarement en leur tranquillité naturelle » (ch. 24). Or, la question (*disputatio*) qui absorbe Panurge n'est pas si différente de celle de Hamlet, à cela près que la sienne porte encore un prédicat : être ou ne pas être... marié.

Epistemon ne se trompe pas sur la transformation de Panurge : il lui conseille de « prendre quelque peu de Ellebore », remède royal contre la mélancolie, « affin de purger cestuy humeur en luy peccant », laquelle le rend digne de « porter chapperon verd & iausne à aureilles de lièvre ». Panurge prend ainsi rang parmi les fous du roman – Seigny Joan, Bridoye, Triboullet – lesquels représentent l'ultime recours lors des contentieux trop épineux pour le commun des juges. Le personnage de Triboullet en particulier, outre qu'il est la dernière « autorité » consultée dans le livre, renvoie à l'expérience pré-critique de la folie, celle que Michel Foucault décrit comme liée aux grandes puissances tragiques, œuvrant subrepticement dans le monde et hâtant la fin du temps, alors que la folie critique demeure liée à l'homme et à l'univers moral (*Histoire de la folie*, ch. 1).

## 11 *L'humour est-il une invention de l'esprit moderne ?*

D'après les auteurs de *Saturne et la mélancolie*, « ce tour d'esprit proprement moderne qu'est l'humour délibérément cultivé » naquit à l'époque où s'épanouissait « la grande poésie grâce à laquelle la mélancolie trouva une expression ». Ayant pris conscience de sa spécificité, les Anglais l'épingleront du nom d'*humour* au cours du XVII^e^ siècle. Est-ce dire que les Anciens n'ont pas connu l'humour ? Au début du *Tiers Livre*, Rabelais compare sa contribution à l'effort de guerre – la consommation de « ce rien mon tout » dans l'acte d'écrire – au « triballement de tonneau » pratiqué par Diogène le Cynique en guise de préparatifs militaires contre l'armée macédonienne. Or, qui incarne mieux les puissances de l'humour que ce philosophe qui, vendu sur le marché aux esclaves et interrogé sur ce qu'il savait faire, répond : « Commander » ?

Diogène est un humoriste au deux sens du terme : c'est un homme d'*humeur* et quelqu'un qui lance des traits d'*humour*. De plus, comme le montre Diogène Laërce dans *Vie, doctrines et sentences des philosophes illustres*, il fait très souvent de l'humour avec ses humeurs. Lorsque son hôte lui interdit de cracher par terre, Diogène lui lance son crachat au visage, en lui expliquant que c'était le seul endroit sale qu'il avait trouvé. Il se masturbe en plein milieu de l'agora pour déplorer l'inefficacité de la friction corporelle contre la faim, alors qu'elle apaise facilement l'appétit sexuel. Lorsque des convives lui jettent des os comme à un chien, il s'approche de leur table, lève la jambe et les asperge d'urine comme un chien. Les humeurs lui fournissent également des occasions pour faire des jeux de mots et des paronomases : il appelle, par exemple, l'école (*scholè*) d'Euclide « école de bile (*cholè*) ».

Le jeu sur les humeurs persiste jusque dans sa manière de mourir, s'il est vrai qu'« il se soit volontairement asphyxié en retenant sa respiration » (Diogène Laërce, p. 35). Son testament anticipe celui du marquis de Sade, cité par André Breton dans son *Anthologie de l'humour noir* (il existe un humour proprement testamentaire, comme en témoignent *Le Lais* et *Le Testament* de François Villon). De même que Diogène demande qu'on laisse son corps sans sépulture, « pour que les chiens [puissent] prendre leur morceau » (*ibid.*, p. 36), Sade stipule que son corps soit placé, « sans aucune espèce de cérémonie », dans un taillis qu'on aura soin de rendre aussi fourré qu'avant son enterrement afin que « les traces de ma tombe disparaissent de dessus la surface de la terre, comme je me flatte que ma mémoire s'effacera de l'esprit des hommes » (*Anthologie de l'humour noir*, p. 41). Ni le souhait de l'un ni celui de l'autre ne sera pleinement exaucé : les Corinthiens dressèrent sur la tombe de Diogène une colonne, surmontée d'un chien de marbre de Paros ; et Sade est entré dans la Bibliothèque de la Pléiade.

## 12 *L'humoriste est-il un chien ?*

De l'humour à l'humilité, il n'y a qu'un pas, motivé phonétiquement sinon étymologiquement. Au mot latin *humor* (« eau ») correspondent le verbe déponent *humere* (« être humide »), l'adjectif *humidus* et le substantif *humectatio ; humilis,* en revanche, provient de *humus,* qui désigne « la terre en tant que localisation du bas », d'où les mots *humare* (« enterrer les morts ») et *humanitas* : *homo* est celui du bas, le terrestre, par opposition à ceux du haut, les célestes. « C'est l'indéfini qui a fait les choses et non l'infini », écrit Antonin Artaud en 1945 :

« L'indéfini de l'insondable humilité. Un chien pataud qui marche les jambes écartés portant son cœur perpétuellement entre ses cuisses » (XVIII, 175). L'humoriste est un mendiant, un chien, sa technique un « impouvoir ». On a souvent remarqué que les Cyniques « étaient recrutés dans les classes inférieures ou chez des gens ayant une situation misérable ou irrégulière. Antisthène était bâtard, [...] Monime et Ménédème étaient esclaves, et Cratès était affreux » (Diogène Laërce, p. 273). Quant à Diogène, ses activités de faux-monnayeur lui ont valu l'exil à vie (on lui faisait parfois ce reproche : « Les gens de Sinope t'ont chassé de chez eux » ; auquel il répondait de manière impériale, « Et moi, je les condamne à rester chez eux ! »). Du coup, le cynique prend figure de révolutionnaire ou, à tout le moins, d'« émeutier-né de la perception », selon la formule d'Artaud (IX, 130).

Il n'est pas sûr que l'on puisse parler de secte à propos des philosophes cyniques ; mais si l'on doit chercher un « fondateur », c'est à Antisthène, le maître de Diogène, que revient l'honneur. « Il faisait ses discours », écrit Diogène Laërce, « dans un gymnase appelé Cynosarge [« chien agile »], tout près des portes de la ville [d'Athènes] ; de là vient, dit-on, le nom de cynique que porta sa secte. Lui-même se surnommait "vrai chien" » (p. 11). C'est un surnom à double tranchant. Dans ses *Œuvres morales*, Plutarque explique que « si les Égyptiens appellent Hermès "le chien", ce n'est pas au sens propre du mot, mais parce que les qualités de cet animal, bon gardien, vigilant, philosophe, selon le mot de Platon [dans la *République*, 375e], en ce qu'il distingue l'ami de l'ennemi en connaissant l'un et en traitant l'autre comme un inconnu, leur inspire un rapprochement avec le plus intelligent des dieux » (V, 2e partie, p. 186). Mais dans sa « Vie d'Antoine », Plutarque fait aussi remarquer que les chiens s'accouplent en public et mangent leurs propres fèces. De même, Diogène avait coutume de tout faire en public, les repas et l'amour, ce qui lui valait d'être traité de chien par les passants : « Vous êtes les chiens, répondait-il, puisque vous faites cercle autour de moi pendant que je mange » (Diogène Laërce, p. 29).

Comme Antisthène, Diogène revendique sa nature de chien. À leur première rencontre, Alexandre le Grand s'étant présenté comme « le grand roi Alexandre », Diogène répliqua : « Et moi je suis Diogène, le chien ». Pourquoi s'appelait-il ainsi ? « Parce que je caresse ceux qui me donnent, j'aboie contre ceux qui ne me donnent pas, et je mords ceux qui sont méchants » (*ibid.*, p. 29). L'humoriste est un homme qui fait le chien, l'humour un devenir-chien. Il se peut même que le type d'humour varie en fonction de la nature du chien : « Quand j'ai faim », disait Diogène, « je suis un pauvre roquet de Mélita ; quand j'ai mangé, je suis un gros Molosse, et que l'on n'ose pas emmener avec soi à la chasse, tant on a de la peine à le tenir » (*ibid.*, p. 27). Plus près de nous, Antonin Artaud prétendait vouloir « puer le chien marseillais et faire de ce chien une brute » (XX, 85), alors que Jaques Tati s'attache, au début et à la fin de *Mon Oncle*, à filmer les errances d'une bande de chiens comme s'il s'agissait d'un groupe de gamins.

## 13 *Quelles sont les cibles préférées de l'humoriste ?*

Diogène choisit ses faire-valoir parmi les représentants les plus éminents du pouvoir et du savoir : Alexandre et Platon. On connaît le mot superbe de Diogène qui, rencontré par Alexandre à une heure où il faisait soleil et entendant dire par celui-ci, « Demande-moi ce que tu veux, tu l'auras », répond « Ôte-toi de mon soleil ! » ; « Si est ce [dit Rabelais] que Alexandre le grand, quoy qu'il eust Aristoteles pour præcepteur et domestic, l'avoit en telle estimation, qu'il soubhaytoit, en cas que Alexandre ne feust, estre Diogenes Sinopien » (*Le Tiers Livre*, « Prologue »). Lorsque les Athéniens nomment par décret Alexandre Dionysos, Diogène demande à être nommé Sérapis, dieu encore plus puissant dans le panthéon gréco-égyptien. À Perdicax, qui menace de le faire mourir, il répond : « Ce n'est pas fort ; un scarabée, une tarentule en feraient autant. » Comme le constate André Breton, l'humour confère un « singulier pouvoir de domination sur soi-même et sur les autres » (*Anthologie de l'humour noir*, p. 263).

À en croire Diogène Laërce, Diogène n'a de cesse de faire des piques à Platon. Il appelle son enseignement (*diatribè*) perte de temps (*katatribè*). Il lui dit, en lui tendant un paquet de figues sèches, « Tu peux en prendre », et lorsque Platon en mange, il s'irrite : « Je t'ai dit d'en prendre, non d'en manger » (p. 15). Il fait preuve de la même exactitude rageante lorsque, ayant demandé à Platon un peu de vin et des figues sèches, et ayant reçu des mains de ce dernier une bouteille pleine, il lui dit : « Quand on te demande combien font deux et deux, réponds-tu vingt ? » (p. 16).

Aux dires de Platon, Diogène est un « Socrate fou » et selon Jacques Lacan, « il y a déjà dans Socrate toutes les figures du cynique » (*Le Séminaire, livre VIII*, p. 106). Toutefois, Socrate joue le faux naïf (*eiron*), car il sait où il veut mener son interlocuteur, tandis que Diogène dit exactement ce qu'il pense. L'ironiste, dit Gilles Deleuze dans *Logique du sens*, nous convie à chercher la signification (l'Idée) ; l'humoriste, en revanche, substitue aux significations « des désignations, monstrations, consommations et destructions pures » (p. 160). Pour donner la réplique à la définition platonicienne de l'homme (« bipède sans plumes »), Diogène jette un coq plumé dans l'enceinte de l'Académie. Platon, qui décidément n'a pas peur du ridicule, ajoute alors à sa définition : « et qui a des ongles plats et larges » – à moins qu'il ne s'agisse là d'un humour encore plus retors que celui de Diogène !

À la différence de Socrate, adepte du dialogue amical, Diogène pratique la repartie et l'invective. Il incite son auditeur à s'arracher à l'opinion courante (*doxa*) en le gourmandant et en le persiflant. C'est une technique qui aura une illustre descendance : Jean-Claude Milner (1995) la retrouve chez Lewis Carroll « où l'excellente Alice, aimable et terne porteuse de la plus victorienne opinion, ne cesse de se faire proprement insulter par les représentants du *nonsense* » ; on la retrouve également chez les surréalistes, Groucho Marx et Jacques Lacan (p. 31). Toutefois, si le côté moqueur, acerbe, critique, tient le haut du pavé, l'humoriste ne se permet pas de railler la naïveté des autres ; au contraire, il y voit la première des qualités, sachant l'exploiter chez autrui et la développer chez lui-même afin de se munir des puissances subversives, poétiques, défensives et humoristiques qu'il lui reconnaît. L'humoriste n'est pas un simple naïf, tel l'enfant ou l'idiot du village ; il n'est pas un faux naïf (*eirôn*) non plus à la manière ironique de Socrate. C'est un naïf vrai mais lucide, conscient des effets que sa naïveté produit dans l'esprit d'autrui, et sachant s'en servir à bon escient.

# II
# LE PASSAGE DES HUMEURS À L'HUMOUR SUR LA SCÈNE ÉLISABÉTHAINE

Jusqu'au XVI$^{e}$ siècle, *humor* et ses variantes locales correspondent au terme hippocratique de *khumos* (« suc », « jus » ; plus spécifiquement, « liquide corporel »). Des velléités métonymiques étendent cette dénomination à d'autres concepts hippocratiques, ou aristotéliciens, même et surtout lorsque la langue de réception s'est déjà dotée d'une équivalence : *dunamis* (« puissance »), *krasis* (« mélange »), *thumos* (« affectivité »), *hexis* (« manière d'être »), *diathesis* (« disposition passagère »), *êthos* (« caractère »). Un siècle plus tard la langue anglaise l'aura doté d'un sens radicalement nouveau. Il semblerait que ce fléchissement sémantique, loin d'être arbitraire, obéisse à une logique inhérente à la théorie humorale. Hippocrate et Galien apprennent aux Élisabéthains que l'« humour » (au sens de *thumos*) est fonction de la « température » des humeurs ; Aristote leur montre les rapports de la faculté poétique et du *wit* (« esprit ») avec la bile noire ; et l'exemple de Démocrite les invite à associer la mélancolie aux phénomènes du rire et de la folie.

Bien qu'il y eût ce que Robert Escarpit appelle une « tentation européenne », ce fut par le biais de la langue et du théâtre anglais que le mot *humour* accomplit un virement sémantique radical. Dans le parler élisabéthain, *humour* commence à exprimer un sens distinct de ceux de « fluide » ou de « disposition », mais au risque de ne plus rien signifier du tout. Les dramaturges s'empareront vite de ce signe vide et de l'événement auquel il se rapporte pour mieux représenter ce dernier au théâtre. C'est pourquoi toute investigation de la nature de l'humour doit s'ancrer dans la culture élisabéthaine. Si la nouvelle signification n'est reconnue par les dictionnaires que vers la fin du XVII^e siècle, le sens qui fonde cette nouvelle signification existe déjà dans le langage des contemporains de Shakespeare.

## 14 *Que voulait dire* humour *à l'époque élisabéthaine ?*

L'humeur est d'abord une réalité météorologique. Georges Chapman écrit dans *La Gaieté des humeurs d'un jour* (1597) : « The skie hangs full of humour and I thinke we shall have raine » (voir le deuxième chapitre de *Pantagruel* : « [...] de humeur il n'y en avoit point en l'air, dont on esperast de avoir pluye »). Dans le domaine biologique, le terme englobe les notions de suc végétal et de fluide organique. Don Adriano, l'Espagnol fantasque de *Peines d'amour perdues* (1588) de Shakespeare, écrit au roi de Navarre : « Ainsi, assiégé par la mélancolie à la couleur de zibeline, j'ai confié cette humeur noire et tyrannique à la médecine très salutaire de votre air salubre » (1.1.225-228). La mention qui est faite ici de la mélancolie touche à la dimension psychologique de la doctrine des *humours*. Le mot signifie tantôt « disposition mentale, caractère, tempérament », comme dans le cas de la « mad and headstrong humor » (« humeur folle et obstinée) de la mégère shakespearienne (*La Mégère apprivoisée*, 4.1.212), tantôt un état d'esprit fugitif, ainsi que l'indique la rodomontade de Gloucester à propos de Lady Anne dans *Richard III* de Shakespeare (1.2.227-228) : « Was ever woman in this humour woo'd ?/ Was ever woman in this humour won ? » (« A-t-on jamais fait la cour à une femme affectée d'une humeur pareille ?/ A-t-on jamais réussi à séduire une femme ainsi disposée ? »). Paradoxalement, cette humeur d'essence transitoire peut devenir habituelle et, partant, constituer un trait de caractère. C'est le sens du mot dans les titres des comédies de Ben Jonson : *Every Man in His Humour* et *Every Man Out of His*

*Humour*. Enfin, le terme désigne une inclination, une propension à faire quelque chose : « I have an humour to knock you indifferently well » (« J'ai très envie de vous ficher une raclée »), dit Nym à Pistol dans *Henry V* de Shakespeare (2.1.53).

Jusque-là, *humour* ne se démarque guère de ses paronymes italien, espagnol ou français de la même époque. C'est pourquoi les historiens mettent l'accent sur les valeurs relativement nouvelles de « lubie, caprice, fantaisie, excentricité, penchant irrationnel, obsession etc. » que revêt le mot dans les comédies de Jonson. Dans *Chaque Homme dans son humeur*, Cob, le porteur d'eau (et donc d'*humor*) ignore ce terme et demande qu'on le lui explique. « C'est un monstre », répond Cash, « ressemblant à un gentilhomme engendré dans la galanterie toute spéciale de notre temps, par l'affectation et nourri par la sottise » (trad. M.T. Jones-Davies, 3.2.164-6). Les *humours* excitent non seulement le ridicule, mais en plus, ils se chargent de s'en moquer. Dans *Les Joyeuses Commères de Windsor* (1599) de Shakespeare, le curé gallois dit au médecin gaulois : « Je vous en prie, ne devenons pas l'objet de ridicule des humeurs des autres » (3.1.79). Le *Shakespeare-Lexicon* (1902) ajoute l'idée d'« hilarité » : « Amusons-nous, voulez-vous ? », demande le prince Hal à ses compagnons dans *I Henry IV*, « Je suis maintenant de toutes les humeurs qui sont apparues depuis le bon vieux temps de Maître Adam [...] » (2.4.91-93).

Mais ici encore on pourrait objecter que le français *humeur* englobe l'idée de « fantaisie » au XVIe siècle et celle de « disposition à la gaieté » au siècle suivant. Comme le remarque Voltaire dans une lettre à l'abbé d'Olivet datée du 20 mars 1761, le mot *humeur* est « employé en ce sens dans plusieurs comédies de Corneille », et notamment dans *La Suite du Menteur*, où Cléandre dit à propos d'un valet excentrique : « Cet homme a de l'humeur » (acte III, scène 1). Littré définit l'une des valeurs du mot *humeur* de la manière suivante : « Penchant à la plaisanterie, originalité facétieuse, à peu près dans le sens de l'anglais *humour* ». Il semblerait donc qu'en empruntant humour à la langue anglaise au cours du XVIIIe siècle, le français n'ait fait que diviser le champ sémantique dévolu jusqu'alors au seul terme *humeur*. Mais pourquoi éprouverait-on le besoin d'emprunter un mot dont la forme et les valeurs sont sensiblement les mêmes dans les deux langues ?

Il faut qu'*humour* ait été doté d'un sens inconnu en français pour que cette langue l'adopte aussi promptement.

## 15 *Quelles sont les implications de l'émergence des verbes* to humour *et* to humorize *dans le parler élisabéthain ?*

Pour départager l'anglais *humour* de l'italien *umore* et du français *humeur*, il faut prendre en compte deux facteurs. D'abord, la prolifération de formes dérivées à l'époque élisabéthaine, et deuxièmement, le sens qu'il a le plus souvent chez Shakespeare, à savoir aucun. Si Thomas Nashe anglicise l'italien *umorista* (« capricieux, fantasque ») dans *Les Larmes du Christ sur Jerusalem*, dès 1599 Ben Jonson reconnaît à *humorist* le sens de « personne facétieuse et enjouée, farceur, plaisantin (*wag*) ». Du coup l'humeur de l'*humorist* ne se définit plus tout à fait comme « cette plaisanterie, ce vrai comique [...] qui échappe à un homme sans qu'il s'en doute » (Voltaire). Il se peut que l'homme prenne conscience de l'effet risible de son humeur et même qu'il choisisse de la cultiver de manière délibérée. Le voisinage immédiat du mot *humorist* dans *Chaque Homme hors de son humeur* de Jonson est très éclairant à cet égard. Le porte-parole de l'auteur, Asper, annonce son intention de jouer un rôle dans sa propre pièce : « Messieurs, je vous quitte pour me transformer en comédien et en humoriste dans l'espoir (avant que je redevienne moi-même) que les globes de vos yeux se rempliront de rires distillés » (Prologue, 213-217). En d'autres termes, au lieu de pâtir des humeurs, l'humoriste tâche d'atteler leur puissance à sa propre puissance d'agir afin de produire un effet sur les humeurs d'autrui.

Cette idée d'une élaboration active – humoristique – des humeurs explique la création de deux formes verbales, *to humour* et *to humorize*. Au sens transitif, ces deux verbes signifient : « se conformer à l'humeur de quelqu'un ou de quelque chose », et donc le mimer en quelque sorte ; au sens intransitif, *to humour* veut dire « exercer son humeur, son imagination », et *to humorize* : « parler ou réfléchir avec humour, faire des remarques humoristiques ». Comme exemples, l'*Oxford English Dictionary* cite une pièce apocryphe de Shakespeare, *Le Prodigue de Londres* (1605) : « All the day he humours up and down/ How he the next day may deceive his friend » (« Toute la journée, il essaie de voir comment le lendemain il pourrait tromper son ami ») ; ainsi qu'une épître de Sir Edward Hoby (1601) : « Everie iching-eared congregation will [...] be served with an humorizing Discourser » (« Chaque assemblée veut avoir à entendre un orateur qui fasse de l'humour »). Ici le mot *humour* ne désigne pas une chose, qu'elle soit un fluide du corps ou un pli affectif, il exprime une action. Or celle-ci ne passe sur aucun objet mais se limite à l'agent : le sujet reste intérieur au procès, il *fait* de l'humour en s'affectant lui-même, c'est-à-dire en agissant sciemment sur l'état de ses propres humeurs. Le corpulent Sir John Falstaff, par exemple, n'est pas qu'un « tronc d'humeurs » ; d'humoriste passif il devient un humoriste actif lorsqu'il « débite des plaisanteries d'un air mélancolique » (*II Henry IV*, 5.1.75).

## 16 *Pourquoi le mot* humour *est-il est un non-sens ?*

Lorsque le sens de *humour* échappe à toute détermination fixe, qu'il remonte des profondeurs du corps pour jouer à la surface, qu'il s'affranchit du discours médical pour se prêter aux jeux de mots du parler populaire, c'est précisément à ce point de son évolution linguistique que, pour la première fois, il s'emploie comme verbe. Selon Gilles Deleuze, les noms et les verbes se rapportent à des dimensions distinctes de la proposition : la désignation (de choses) et l'expression (de sens). Celles-ci « s'organisent en deux séries qui ne convergent qu'à l'infini, [...] dans un mot ésotérique, dans un aliquid non identifiable ». Cette instance bizarre n'est autre que « la frontière perpétuellement longée, en même temps que tracée par les deux séries » (*Logique du sens*, p. 39). Or, le vocable *humour*, du moins tel qu'il était entendu à l'époque élisabéthaine, remplit toutes les conditions du mot ésotérique deleuzien en raison, d'une part, de l'usage littéralement forcené (*fors-sen*) du mot par Jonson et Shakespeare dans des comédies où il est ridiculisé, comme le dit A. Schmidt, « comme une expression à la mode fort maltraitée », et, d'autre part, de son rôle coordonnateur entre deux séries hétérogènes, corporelle et langagière, humorale et humoristique. Plus particulièrement, il serait ce que Deleuze appelle un *circulant*, ou « plutôt un nom pour le désigner [...]. Le mot circulant lui-même est d'une autre nature : en principe, il est la case vide, l'étagère vide, le mot blanc [...]. Aussi ce mot est-il "appelé" de noms qui marquent des évanescences et des déplacements » (*Logique du sens*, p. 59). Comment alors trouver un mot plus apte que celui qui désigne le plus mobile et le plus éphémère des phénomènes ? D'autant plus que sa bizarrerie coïncide avec sa signification : dans son *Dictionnary of the French and English tongues* (1611), Randle Cotgrave traduit *bizarrerie* par « humorousnesse ».

Le mot ésotérique deleuzien se signale par une propriété des plus singulières : « C'est un mot qui désigne exactement ce qu'il exprime, et qui exprime ce qu'il désigne [...]. En une seule et même fois, il dit quelque chose et dit le sens de ce qu'il dit » (p. 84). Chapman, dans *le Mendiant aveugle d'Alexandrie*, Shakespeare, dans *Henry V* et *les Joyeuses Commères de Windsor*, ainsi que Jonson, dans *Chaque Homme hors de son humeur*, inventent chacun un personnage dont la manière de parler, comme le dit Mitis à propos de Sogliardo dans cette dernière pièce, « n'est rien hors le mot *humour* » (acte II, scène 1). Le caporal Nym, en particulier, termine chacune de ses phrases avec la locution « that is the humour of it » (*Henry V*, 2.1.57, 68, 94, 113 ; 2.3.61). Il revient ainsi sur ses paroles afin d'en désigner le sens – « en voilà (de) l'humour » –, et d'exprimer la chose qu'il vient de désigner : « Je m'en voudrais de vous embrasser, et voilà mon humeur ». Il s'ensuit que le caporal Nym – dont le nom même est tautologique, *nym* étant la forme anglicisée du grec *onoma* (« nom ») – ne fait que répéter : « l'humeur, c'est de l'humour ; l'humour, c'est de l'humeur », où « l'humour » désigne l'exprimé et « l'humeur » exprime le désigné, si ce n'est pas l'inverse. De toute manière, « le nom qui dit son propre sens ne peut être que *non-sens* » (*Logique du sens*, p. 84). D'où l'exaspération de George Page : « Son *humour*, dit-il ! Voilà un drôle qui effraie si bien la langue anglaise qu'il la fait perdre ses esprits [...]. Je n'ai jamais entendu un pendard aussi verbeux et aussi prétentieux » (*Les Joyeuses Commères de Windsor*, 2.1.137-7).

Bien que le non-sens ne possède aucun sens particulier, il s'oppose à l'absence de sens. Dans l'acte I, scène 3 des *Joyeuses Commères de Windsor,* Nym renchérit sur son emploi du mot *humour* en l'apposant à des mots d'esprit. Ainsi, il déclare à propos de l'ivrogne Bardolph : « Ses parents étaient ivres quand ils l'ont conçu », et ajoute d'un air fat : « is not the humour conceited ? » (« n'est-ce pas là une interprétation spirituelle des faits ? »). Lorsque Falstaff fait part de son intention de séduire deux commères de Windsor, Nym risque un nouveau mot d'esprit : « L'ancre est profonde », puis il demande timidement : « will that humour pass ? ». Mais cette fois-ci l'humour tombe à plat, l'allusion étant sans doute tout aussi obscure pour les contemporains de Shakespeare que pour les générations suivantes. Pistol fait preuve d'un esprit plus mordant quand Falstaff évoque le regard prétendument concupiscent de Madame Page – « tantôt les rayons de ses yeux illuminaient mon pied, tantôt mon ventre généreux » – en rétorquant : « Alors le soleil éclairait un tas de fumier ». Nym le remercie pour cette saillie : « I thank thee for that humour ». Enfin, Falstaff les ayant rejetés tous les deux, Pistol demande à Nym s'il compte se venger par l'esprit (*wit*) ou par l'épée : « Moi ? avec les deux *humours* ! » Là encore, Nym emploie le mot à tort et à travers. Néanmoins, l'idée de « wit » se fait de plus en plus insistante, comme si l'anglais effaré et effarant du caporal Nym (ainsi que le parler élisabéthain en général), en soumettant *humour* à un criblage insensé, rendaient possible l'éclosion d'une nouvelle valeur « spirituelle ».

Les vicissitudes du mot *humour* illustrent ainsi le sens qu'on lui prêtera plus tard. Aux dires de Marc-Alain Ouaknin et Dory Rotnemer, auteurs de *La Bible de l'humour juif*, « l'humour travaille sur le *sens du sens*, c'est-à-dire sur le non-sens » (p. 10). Dans *Polylogue*, Julia Kristeva écrit : « là où la pulsion envahit et imprime la liaison de la langue, l'humour est intermédiaire : passage du sens au non-sens » (p. 92), mais également, pourrait-on ajouter, passage du non-sens au sens. Nous voyons par là que l'humour fait ce qu'il dit et dit ce qu'il fait, que le mot même est intrinsèquement humoristique, pour autant que l'humour, selon

Deleuze, n'est que la « coextensivité [...] du sens et du non-sens » (*Logique du sens*, p. 166).

## 17 *Comment Ben Jonson porte-t-il les* humours *à la scène ?*

La mise en vogue de la doctrine des humeurs dans la société élisabéthaine a pour conséquence d'affaiblir le sens du mot *humour* : « Tous les jours », écrit Ben Jonson dans *Chaque Homme hors de son humeur* (1599), « ce pauvre mot innocent est tourmenté et torturé » (Prologue, v. 84-85). En conséquence, il décide de mettre de l'ordre dans l'« l'abus de ce mot *humour* ». Pour cela, il s'invente un *alter ego* à la langue d'aspic, Asper, qui définit l'humour « en soi » comme une qualité de l'air ou de l'eau, ayant deux propriétés, l'humidité et la fluidité : « Ainsi, dans tous les corps,/ la colère, la mélancolie, le flegme et le sang,/ étant donné qu'ils coulent continuellement/ dans telle ou telle partie, et ne se contiennent pas,/ reçoivent le nom d'*humours* » (trad. M. Castelain). Asper aborde ensuite l'aspect psychologique des humeurs, mais là où les médecins voient un lien de causalité réciproque entre les humeurs matérielles et les comportements ou caractères appelés « humeurs » par métonymie, il perçoit un lien purement métaphorique : « Dans ce sens donc,/ on peut, par métaphore, appliquer le mot/ au caractère général de l'individu ;/ et quand une qualité particulière/ possède un homme à tel point qu'elle entraîne/ tous ses dons, tous ses esprits, toutes ses forces,/ à tendre dans leur cours vers un même côté,/ alors on peut dire vraiment que c'est un *humour* » (*ibid.*, v. 98-109). Tandis que la métonymie consiste dans le transfert de valeurs dénotatives, les qualités attribuées dans le cas de la métaphore sont d'ordre connotatif : le mot *humour* en vient à désigner une monomanie du seul fait qu'il évoque l'idée de fluidité. Toutefois, l'humeur originelle n'étant que la somme de deux accidents, « Moisture, and fluxure », cela revient au même : d'emblée, Jonson définit l'humeur, dit Yves Hersant dans « Ben Jonson et les humœurs », « moins comme substrat matériel que comme qualité diffuse » (p. 94).

Dans *La Supplication au diable de Pierce Sans-le-sou* (1592), Thomas Nashe avait assimilé les humeurs aux vices : le Diable lui-même ne serait qu'une « humeur pestilentielle dans un homme, de plaisir, de convoitise, ou d'ambition qui l'entraîne vers la vanité, le crime ou la duplicité monstrueuse ». Asper commence lui aussi par vilipender « ce monde impie [...] fendu sous le poids du péché », se servant de sa langue comme d'un « fouet d'acier » à l'égard des luxurieux, des tartuffes, des corrompus et des orgueilleux, mais également de ceux qui convoitent le nom de poète ou de gentilhomme sans en posséder les qualités. Car, en fin de compte, Jonson, comme Érasme, ne catalogue pas « les hontes, mais les ridicules ». Il observe la consigne aristotélicienne « et joue avec les folies humaines, non pas avec les crimes » (*Chaque Homme dans son humeur*, Prologue, v. 24). Sa vraie cible est donc ceux qui affectent d'*avoir* une humeur et non ceux qui sont réellement emportés par leur propre mouvement humoral : « Eh bien ! je fustigerai ces singes/ et je montrerai, aux yeux courtois des spectateurs,/ un miroir aussi large que la scène sur laquelle nous sommes./ Ils y verront la difformité de nos temps/ anatomisée en chacun de ses muscles et de ses nerfs » (*ibid.*, v. 117-121). Le satiriste se mue en anatomiste ; le théâtre devient une salle d'opération : « ma main sévère/ était faite pour saisir les vices,/ et faire sortir l'humeur de ces âmes spongieuses/ qui se sont gonflées de toutes les petites vanités oisives » (*ibid.*, v. 143-146). Les patients se trouvant dans la salle, Asper leur montrera, comme dans un miroir, une représentation de leurs propres humeurs ; celles-ci, retournées ainsi contre elles-mêmes, se transformeront, dit Hersant, en *pharmakon* (mot grec signifiant « poison », mais également « remède »). Aussi, « chez Ben Jonson viennent confluer, en une mixture inédite de médecine et de poétique, la doctrine des humeurs et la théorie de la catharsis » (« Ben Jonson et les humœurs », p. 95).

La catharsis, on le sait, n'a pas attendu le XVIe siècle pour investir la scène théâtrale et, plus particulièrement, la relation entre spectateur et spectacle. Voici la formulation qu'en donne Aristote dans le sixième chapitre de la *Poétique* : « La tragédie est la représentation [*mimesis*] d'une action noble [...] ; la représentation est mise en œuvre par les personnages du drame et n'a pas recours à la narration ; et, en représentant la pitié et la frayeur, elle réalise une épuration [*katharsis*] de ce genre d'émotions. » Les traducteurs nous mettent en garde contre toute assimilation de la *katharsis* aristotélicienne à l'idée d'évacuation : « La katharsis n'est autre que l'effet "hédonique" de l'opération mimétique elle-même : le plaisir propre résulte, pour le spectateur, de l'expérience émotive *épurée* que lui procure la *contemplation* des *formes représentées* – dans le cas de la tragédie, des formes du pitoyable et de l'effarant » (p. 193). Elle est donc, en tant que concept esthétique, tout à fait transposable à la comédie et à la contemplation des formes du ridicule, du laid et du bas. Néanmoins, Ben Jonson a très bien vu que la *katharsis* tragique ou comique garde encore toute sa puissance purgative sur le plan de l'action dramatique, le héros et l'humoriste faisant l'objet d'un rejet, douloureux ou risible, mais en tout cas consensuel, de la part de la communauté.

À vrai dire, la médecine a toujours eu partie liée avec la rhétorique : le caractère du médecin est aussi déterminant que celui de l'orateur ; comme le dit Aristote, « ce sont le bon sens, la vertu et la bienveillance » qui font que l'on se fie à l'homme de l'art (*Rhétorique*, 1378a). De plus, les médecins hippocratiques se servaient pleinement des procédés oratoires de la sophistique dans les discours qu'ils prononçaient, soit pour affirmer les fondements et l'exactitude de leur art, soit pour pronostiquer l'évolution d'une pathologie chez un de leurs patients, discours qui pouvait lui-même avoir un effet rétroactif sur la maladie en question. Ce n'est pas un hasard si la médecine et l'art oratoire du v^e^ siècle avant notre ère échangent leurs concepts fondamentaux, tels que le commencement (*prophasis*), la crise (*krisis*), le summum (*acmè*), le moment opportun (*kairos*), la récidive (*hypostrophè*), et le dénouement (*lysis*). Il est probable que Jonson, le plus érudit des dramaturges élisabéthains – il cite Hippocrate dans *Volpone* –, ait voulu transposer ces mêmes procédés dans sa théâtralisation des humeurs. En reproduisant sur la scène l'évolution des humeurs dans le corps, il pouvait effectuer leur élimination dans la salle grâce au « rire cathartique ». En effet, les étapes successives d'une fluxion humorale se trouvent intégrées, comme le remarque J. A. Bryant, dans la structure même d'une pièce comme *Chaque Homme dans son humeur.*

## 18 *Ben Jonson a-t-il de l'humour ?*

Les historiens du concept s'accordent tous à voir en Ben Jonson celui qui aurait rendu possible l'emploi du signifiant *humour* pour désigner cette drôlerie particulière, encore dépourvue de nom qui naît à la fin du Moyen Âge. Pour Louis Cazamian, par exemple, Jonson détruisit « toute impression qui pouvait encore survivre que la servitude physique impliquée par le sens médical de *humour* fût un élément tragique, mieux adapté au pathétique qu'à la comédie. Il [donna] au mot et à la notion une atmosphère nettement comique » (*The Development of English Humor*, p. 316). Cette explication est loin d'être satisfaisante, d'abord parce qu'elle passe sous silence les conditions de possibilité langagières pour qu'un mot change de sens ; deuxièmement, parce que les *humorists* de Jonson, à l'exception possible du juge Clément, d'Asper et de Macilente, sont seulement risibles et nullement *witty* ; troisièmement, parce que ses aînés, Shakespeare en tête, avaient déjà mis en scène une gamme très étendue d'« humoristes irréguliers ».

L'*humour* jonsonien ne représente qu'une étape dans l'évolution de la notion, certes essentielle mais en soi incomplète. Le raccordement qu'il opère entre une série médicale (la pathologie humorale) et une série esthétique (le genre comique) est trop volontaire, trop artificiel pour que le terme *humour* évoque autre chose que des qualités psycho-physiologiques. *Chaque Homme dans son humeur* et *Chaque Homme hors de son humeur* représentent après tout des œuvres mineures par rapport aux grandes comédies de Jonson, où les humeurs sont tout simplement assimilées aux mœurs. Bien que Jonson parte en guerre contre le monde du faux-semblant et son emploi abusif du terme *humour,* c'est précisément cet usage intempestif qui élève *humour* à la dignité de « mot blanc », capable d'opérer une « synthèse de coexistence » entre des états physiologiques et des particularités phrastiques. Or, quelle est l'humeur la mieux convoitée par ceux qui affectent des *humours* d'emprunt ? Dans *Chaque Homme dans son humeur*, Stephen veut apprendre la mélancolie comme on apprend un jeu ou une danse, demandant à Matthew le pseudo-poète : « As-tu un tabouret, que j'y assoie ma mélancolie ? » (3.1.91) ; et à

Ed. Kno'well : « Cousin, est-ce bien ? Suis-je assez mélancolique ? » (3.1.97). Matthew l'approuve avec vigueur : « Oh, c'est la plus belle des *humours*, monsieur, la mélancolie vraie engendre un esprit (*wit*) parfait, monsieur » (3.1.80-81). Or, l'association de ces trois termes, *humour, melancholy* et *wit,* ainsi que la vogue dont jouit la notion de mélancolie à l'époque élisabéthaine, donnent à penser que l'émergence de l'humour moderne n'est pas autant due à une métamorphose générale des humeurs qu'à la transformation de l'une d'elles seulement.

## 19 *Quels sont les personnages les plus emblématiques de l'émergence de l'humour sur la scène théâtrale anglaise ?*

Les histoires de l'humour, malgré leurs allusions à la physiologie ancienne et au théâtre de Ben Jonson, ratent plus ou moins complètement ce moment crucial où l'humeur et l'humour ne diffèrent pas encore. Retenons la date de 1600 comme marquant l'instant de l'écart nul. Le mot est sur toutes les lèvres, on lui fait dire tout et n'importe quoi, malgré la parution en 1599 d'une traduction du traité hippocratique *De la nature de l'homme* qui devait corriger cet abus ; au contraire, le mot se met à délirer, ou plus exactement devient le signe d'un délire. C'est un délire qui se décline sur plusieurs modes. Dans les comédies des *humours*, les vraies « humeurs », c'est-à-dire les personnages en proie à une passion ou à une obsession, affrontent d'autres affectant de pareilles humeurs afin de se rendre intéressant. La satire, du reste, ne vise que ces derniers. Jouer la folie, ne serait-ce pas une folie plus grave encore ? Les « humoristes irréguliers » de Shakespeare, du moins les plus lucides, loin d'être dupes de leur humeur, savent en tirer un capital comique et dire « une plaisanterie d'un air mélancolique ». La folie du bouffon, enfin, est la folie d'une conscience consciente de sa folie. Une folie qui joue la folie et qui, en se jouant, se déjoue, tout en se jouant des autres : c'est là l'humour, saisi au plus près de sa vérité. On comprend alors son lien originel avec le théâtre. On comprend aussi que l'humour dépend de l'écart ouvert par sa mise en jeu – que ce soit dans le monde, sur les planches, ou dans l'écriture.

Le bouffon et le mélancolique investissent la scène élisabéthaine au même moment : qu'ils soient complices ou antagonistes, l'humour naît de leur conjonction. On peut identifier quatre avatars, qui proviennent de pièces datant toutes des années 1599-1601 : Carlo Buffone et Macilente dans *Chaque Homme hors de son humeur* de Ben Jonson ; Touchstone et Jaques dans *Comme il vous plaira*, Feste et Malvolio dans *La Nuit des Rois,* et Hamlet et Yorick dans *Hamlet* (ces trois dernières pièces étant de Shakespeare). Chacun de ces avatars marque une étape significative dans l'avènement de l'humour moderne.

Aux dires de Cordatus, Carlo Buffone est « un bouffon vulgaire et effronté, un railleur véhément, un pourceau d'Épicure ; quelqu'un dont la compagnie est désirée de tout le monde, mais aimée de personne ; il aimerait mieux perdre l'âme que laisser tomber une occasion de faire une plaisanterie, et profanera les choses les plus saintes afin de soulever un rire. Toute personne, combien honorée ou vénérable qu'elle soit, qui entre dans son champ de vision est transformée derechef en diverses figures au moyen de ses comparaisons hétéroclites [...]. Il préfère tous les autres pays au sien, et estime qu'il ne peut jamais trop insister sur son attachement admiratif pour des doctrines athées étrangères » (*Chaque Homme hors de son humeur*, Prologue, v. 356-369). Le seul personnage qui sache lui inspirer du respect et de la crainte est Macilente, en raison de son humeur rancunière et de son esprit vindicatif. L'« envious man » fait l'objet d'une nouvelle description formelle à la manière de Théophraste, cette fois de la part du bouffon lui-même. Carlo emprunte ses « comparaisons » au monde de la guerre, car Macilente est à la fois soldat et érudit, deux professions aptes à engendrer une mélancolie particulièrement corrosive : « Faites attention de ne pas trop le contrarier : sa plume contient de l'huile et du feu, ses gouttes brûlent ; son esprit est comme de la poudre, rapide, violent ; il détruira un homme avec une plaisanterie. Je le crains plus qu'un mur effrité ne craint le canon ; je tremble pendant une heure après l'explosion » (acte I, scène 1).

Alors que le dramaturge, Asper-Jonson, s'efforce d'« exprimer comme d'une éponge, hors des *spongy natures* des hommes, les humeurs dont ils s'imbibent » (Prologue, v. 145-6), Macilente

« macère dans leurs humeurs mousseuses comme une croûte sèche jusqu'à ce qu'il les ait toutes bues » (acte V, scène 4). En réalité, pour écrire sa pièce, Jonson a dû se modeler sur son personnage : comme le dit John Aubrey dans *Vies en abrégé* (1680), « Ben Johnson [*sic*] et Shakespeare recueillaient les humeurs des hommes chaque jour, partout où ils venaient ». Jonson fut lui aussi soldat et érudit, et Asper, lorsqu'il se transforme en acteur et en *Humorist,* endosse peut-être le rôle de Macilente. Or, à cette même époque, Shakespeare, selon une allusion dans le *Retour de Parnasse,* aurait administré une « purge » à Ben Jonson en le prenant comme modèle pour l'un de ses propres personnages. D'après A. H. Gray, ce ne peut être que le « melancholy Jaques » de *Comme il vous plaira,* dont le nom se prononçait de la même manière que *jakes,* « latrines ». Quoiqu'il en soit, « Monsieur Comment vous l'appelez », comme le surnomme Touchstone, et Touchstone lui-même constituent un nouvel avatar du couple formé par le bouffon et le satiriste mélancolique.

## 20 *Que faut-il au mélancolique pour qu'il devienne un humoriste ?*

Les comédies satiriques de Ben Jonson illustrent parfaitement la définition que le romancier victorien George Meredith donne du genre : « la comédie est l'expression de l'esprit du Censeur ». En revanche, comme le remarque Enid Welsford, les comédies romantiques de Shakespeare se placent sous l'égide du *Fool* et font preuve d'une attitude totalement différente envers les défauts des hommes. Bien que Jaques « transperce de ses invectives le corps de la campagne, de la ville et de la cour » (*Comme il vous plaira*, 1.2.58-59), la virulence de ses critiques se trouve en grande partie neutralisée par le monde pastoral et la forêt enchantée qui l'entourent. Il se complaît dans une espèce de « humorous sadness » qui n'est ni la mélancolie des érudits, ni celle des musiciens, ni celle des courtisans, des militaires, des avocats, des dames, ou des amants (4.1.10-19), mais proche de la définition d'*humour* fournie par John Dowland dans son *Livre de chansons* (1597) : « État d'âme pesant comme du plomb », source d'esprit (*conceit*) et « aliment de l'invention ». Aucun antagonisme n'existe entre le satiriste et le bouffon. Au contraire, Jaques paraît tellement enchanté par sa rencontre avec Touchstone qu'il aspire lui aussi à porter l'habit bigarré du *fool*. Si le duc, son maître, lui permettait cette liberté d'expression dont jouissaient les bouffons professionnels, il serait à même de « purger le corps corrompu du monde infecté » (2.7.60). Le duc se garde bien de lui accorder un tel privilège : le remède proposé par Jaques aurait, à son avis, l'effet d'un poison : « Ainsi tu déchargerais dans le monde/ la sanie de tous les abcès et maux boutonneux/ que tu as contractés par un libertinage effréné » (2.7.67-9). Jaques n'a pas l'innocence d'un *fool* ; sa satire, estime le duc, provient moins d'un détachement lucide que d'un cœur vindicatif et d'une volonté de nuire.

D'ailleurs, s'il arrive au *fool* d'« anatomiser la folie du sage » (2.7.56), c'est plutôt au hasard des traits qu'il lance à tout venant, sa « chance en cette situation », comme le dit Aristote à propos du taux élevé de rêves véridiques chez les mélancoliques, « étant comme de ceux qui jouent à pair » (*La Vérité des songes*, p. 123). À en croire les autres personnages de la pièce, Touchstone n'est qu'un nigaud, un simple d'esprit, « Nature's natural » (1.2.47), un « clownish fool » (1.3.126), et un « roynish clown » (2.3.8). La seule fois où il est appelé « Wit », c'est par antiphrase, et parce qu'on le prétend aussi vagabond que ses esprits. D'après la spirituelle Celia, Touchstone (« pierre de touche ») sert de *whetstone* (« pierre à aiguiser ») à l'esprit des autres (1.2.53). Cela n'explique pas, pourtant, l'intérêt émerveillé que Jaques éprouve à son égard. Sans doute Jaques apprécie-t-il mieux que Touchstone la véritable portée de ses observations décousues. Il reproduit *in extenso* la méditation solitaire de ce « material fool » sur le passage du temps : « Et donc d'heure en heure (*hour*), nous croissons et croissons (*ripe*)/ Et puis d'heure en heure, nous pourrissons et pourrissons/ Et là pend toute une histoire (*tale*) » (2.7.26-28). En raison d'une série d'homophonies malencontreuses, l'obscénité irrépressible du langage carnavalesque subvertit la gravité funèbre du *clown* moraliste (déjà mise à mal par l'identité du locuteur) : *hour*, « heure », se prononce comme *whore*, « pute », et *tale*, « histoire », comme *tail*, « queue ». Étant donné que *ripe* signifie à la fois « croître » et « chercher », les réflexions générales sur le mûrissement et le déclin de tout homme se doublent d'un *tale* de tumescence et de putrescence syphilitique. De plus, Touchstone a le génie, tout en se targuant de sa qualité de courtisan, de dépeindre les inconséquences, les petites vanités et la pusillanimité de ses pairs, sans que l'on sache très bien si sa franchise est à mettre au compte du satiriste masqué ou du véritable naïf. Le duc tranche en faveur de sa ruse : « Sa folie lui sert de cachette d'où il lance ses traits d'esprit » (5.4.105-6). En réalité, l'ambivalence de Touchstone provient du fait qu'il thématise à lui seul le passage du *clown* au *fool* sur la scène élisabéthaine.

## 21 *Que faut-il au bouffon pour qu'il devienne un humoriste ?*

Alors que Touchstone passe pour être un « gentilhomme à l'esprit bariolé » (*Comme il vous plaira*, 5.4.41), Feste met ses détracteurs en garde contre une telle supposition : « Madame, *Cucullus non facit monachum* – ce qui revient à dire que ma cervelle ne porte pas de livrée bariolée » (*La Nuit des rois*, 1.5.50-52). S'il est un « witty fool », c'est parce qu'il est conscient de sa folie ; comme le disait Touchstone, « le fou croit qu'il est sage, alors que le sage sait qu'il est fou ». Dans la maisonnée de la comtesse Olivia, Feste représente l'esprit des fêtes des fous (*festa stultorum*), ce qui l'oppose au majordome, Malvolio, qui incarne la sobriété hargneuse et le sectarisme puritain. Nous n'avons plus affaire à la complicité affectueuse qui unit Touchstone et Jaques, mais à un antagonisme irréductible qui reproduit les affrontements rituels entre carnaval et carême.

Malvolio s'étonne que sa maîtresse daigne prêter attention aux tours misérables de son « bouffon attitré » : « Je proteste que les personnes sensées qui s'esclaffent devant cette sorte de bouffons à l'esprit concerté ne dépasse pas dans mon estime les comparses (*zanies*) des bouffons » (1.5.83-84). Les *zanni* étaient les laquais comiques de la *commedia dell' arte*, mais en anglais le mot désigne les comparses qui servent de faire-valoir aux bouffons. Or, Feste et ses amis sauront transformer Malvolio lui-même en *zany*, en exploitant le « vice » du majordome : sa propension à l'amour-propre. Ils confectionnent une lettre que Malvolio prend pour une déclaration d'amour de sa maîtresse. Interloquée par la métamorphose psychologique et vestimentaire de son domestique, Olivia le confie à son cousin, qui l'enferme dans une « chambre obscure » comme s'il avait affaire à un vrai fou. C'est ici que la plaisanterie se corse : la « douce illusion » de Malvolio risque de se transformer en fureur atrabiliaire du fait même d'avoir été prise pour telle. Ses persécuteurs en sont parfaitement conscients : « Bon sang, on va le rendre vraiment fou » (3.4.128). Afin de le pousser dans ses derniers retranchements, ils lui envoient Feste déguisé en curé. Cet « évêque des fous » dit s'appeler Topaz, pierre précieuse mentionnée par Robert Burton parmi les remèdes contre la mélancolie. Il soumet le malheureux majordome à un exorcisme, puis à un catéchisme bouffons. Or, la déraison de Topaz – il prétend que les fenêtres sont « aussi transparentes que des barricades », et prône la doctrine de Pythagore – relève d'un calcul particulièrement subtil : Malvolio ne peut que se sentir désemparé par les paroles du curé, mais s'il admet par-devers lui que l'autre lui paraît fou, il doit conclure soit à sa propre folie (du fait du gouffre entre la logique de Topaz et la sienne), soit à l'impossibilité de se faire entendre par le monde extérieur.

Malvolio et Feste ne se voient pas ; ce dernier peut donner l'impression qu'il rejoint Sir Topaz en faisant alterner sa voix de bouffon avec sa voix de curé. Dès qu'il croit Topaz parti, Malvolio supplie Feste de lui procurer de quoi écrire. Le bouffon, en chantant, promet de l'aider, tel l'ancien Vice « Qui avec un poignard de bois/ Dans sa rage et sa colère/ Crie "Aha" au diable,/ Comme un gars fou,/ "Rogne tes ongles, papa,/ Adieu, *goodman devil*" » (4.2.127-132). L'oxymore « goodman devil » (« bonhomme diable ») s'adresse à Malvolio le *good man* (« puritain »). En se comparant au fils rebelle du diable, Feste laisse entendre qu'il avait voulu couper les griffes de Malvolio au moyen de sa petite épée de bois. Il tarde à livrer (*deliver*) la lettre que son ennemi écrit à l'intention d'Olivia, et quand, finalement, il la lit (*delivers*) d'une manière on ne peut plus extravagante, celle-ci le croit fou. « Non madame », rétorque-t-il, « je ne fait que lire de la folie » (5.1.287).

Au début de la pièce, Feste avait prédit : « le fou s'occupera du dément » (1.5.131) ; maintenant il le libère (*delivers*). Toutefois, il n'y a aucune réconciliation possible. Feste avait agi par désir de vengeance, et Malvolio quitte la scène en fulminant : « Je me vengerai de vous tous » (5.1.368). La farce s'avère donc plus amère, et la cruauté plus irrémédiable que dans *Comme il vous plaira.* Bien que Robert Burton, s'autorisant d'Érasme, exempte les *fools* du catalogue des mélancoliques, Feste évolue dans une atmosphère de fin de saison, de fin de règne et de fin de siècle. Il est dans « l'automne » de sa vie, quand « la pluie, il pleut tous les jours », selon le refrain de sa dernière chanson. Comme le « bitter Fool » (« bouffon amer ») du roi Lear, il lie une étrange alliance avec les puissances de la démence et de la mort, ayant élu domicile à côté de l'église, c'est-à-dire dans un cimetière. Même les couleurs de son costume évoquent « une mélancolie verte et jaune » (2.4.113). Tout se passe comme si le bouffon avait assumé les traits du mélancolique, alors que dans *Comme il vous plaira,* c'est le mélancolique qui ambitionne la qualité de bouffon. Par contre, l'autre membre du couple perd de sa virulence : sa mélancolie paraît aussi bigarrée que l'habit du clown – hypocrisie religieuse, *self-love,* folie présumée, colère vengeresse – mais elle reste toujours justiciable d'une vision critique de la folie comme l'envers du raisonnable. Si Malvolio ne souffre que d'une mélancolie « métaphorique », tout l'esprit et toute l'humeur sont à mettre au compte de Feste.

## 22 *En quoi l'humoriste est-il un* mome ?

Au cours des années 1580, Richard Tarlton et Will Kempe avaient remplacé sur la scène élisabéthaine le Vice des moralités par le personnage du *clown,* le bouffon rustaud, meneur des jeux de mai. Tarlton meurt en septembre 1588, mais auparavant il avait fait de Robert Armin son fils spirituel, « afin qu'il jouisse de ma livrée de clown après moi » (*Tarlton's Jests*). Will Kempe quitte la troupe de Shakespeare au début de l'année 1599, et Armin devient le nouveau *clown.* Or, c'est avec la venue d'Armin que les rôles de bouffon changent singulièrement de caractère. Ni clown rustique comme dans la Vieille Comédie, ni valet rusé comme dans la Nouvelle, Touchstone, Feste, Lavache (dans *Tout est bien qui finit bien*) et le *fool* du roi Lear font preuve d'un *humour* moderne sur fond de mélancolie et de mort. Cet humour irrigue leur don de voyance, leur situation liminaire, leur existence errante, leur capacité de « corrupteur de mots » et leur licence de dire l'interdit, au sens le plus profond du terme : « Il y a du rapport d'être qui ne peut pas se savoir », dit Jacques Lacan dans *Encore*, « ce savoir impossible est censuré, défendu, mais il ne l'est pas si vous écrivez convenablement *l'interdit,* il est dit entre les mots, entre les lignes » (p. 108).

Orfèvre, acteur, chanteur, Armin fut également écrivain. Son *Foole upon Foole* (1605) présente « six sortes de sots, [...] leur vie, leurs humeurs et leur conduite, avec leur manque d'esprit dans la manifestation même de leur sagacité ». *Un Nid d'idiots* (1609) reprend ces descriptions dans le contexte d'un dialogue entre la personnification du Monde, « éperdument malade, comme quelqu'un ayant trop abusé de péchés », et celui qu'elle élit comme médecin, Sotto « le Cynique, le Critique ». Bien que les six *fools* dont Sotto entretient le Monde aient réellement existé, il s'agit d'une suite d'allégories dans la tradition critique d'Érasme – « La description de Jack Oates vaut pour tous ceux qui lui ressemblent » –, et le philosophe cynique tire une morale de chacun de leurs *jests* (« tours »). Seul le sixième *fool* paraît « simplement simple sans tours » ; il n'empêche que Blue John plaît plus au Monde que les autres, sachant lui « chatouiller la rate » de manière irrésistible. La même année, Armin écrit et monte *L'Histoire des deux pucelles de More-clacke, avec la vie et la manière simple de JOHN de l'Hospice*, dans laquelle il joue les rôles de Blue John et d'un bouffon beaucoup plus rusé, Tutch, qui se déguise comme Blue John au cours de l'action. Armin révèle ainsi le secret du *fool* : comme le dit Mikhaïl Bakhtine dans *Esthétique et théorie du roman*, « c'est un fripon qui porte le masque du sot » (p. 217).

En attribuant au Monde la figure d'une commère frivole et lascive, Armin signale sa parenté avec la Folie d'Érasme. En revanche, Sotto représente un nouvel avatar de l'érudit mélancolique à l'humeur caustique. Armin le décrit comme « un monsieur grommelant, suffisamment sage et suffisamment fou » pour servir le Monde en tant que chirurgien. Or, Sotto est le type même du *mome*, terme à double tranchant dans le parler élisabéthain. Celui qui tient des propos ridicules est un *mome* au sens d'« idiot » ou de « simplet » ; mais celui qui sait en extraire le sens, qui comprend et qui représente le sens du ridicule est lui aussi un *mome* : forme anglicisée de Momus (du grec *mômos*, « ridicule »), fils de la Nuit, dieu de la moquerie et des bons mots, que la Renaissance dépeint levant son masque d'une main et tenant de l'autre une marotte, symbole de la folie. Sir Philip Sidney juxtapose ces deux valeurs dans son *Apologie of Poetrie* (1586 ?) : « If you [...] by a certaine rusticall disdaine, will become such a Mome, as to be a Momus of Poetry ». Ce faisant, il puise dans l'arsenal rhétorique des *momes* afin de se prémunir contre le « Dry mock » (l'ironie), le « Bitter taunt » (le sarcasme) et le « fleering frump » (le ricanement) dont ils sont coutumiers. Selon Lucien, Momus fut banni du ciel en raison des railleries cuisantes dont il accablait ses congénères, et même ici-bas, à en croire la Folie d'Érasme, ce bouffon fâcheux n'est recueilli de personne ; de toute manière, « il ne le sera point à la cour des princes : ma suivante, la Flatterie, qui y tient la première place, s'accorde avec Momus comme le loup avec l'agneau » (*Éloge de la folie*, ch. 15). C'est cet antagonisme fondamental qui sous-tend les escarmouches meurtrières entre Hamlet et ses anciens camarades d'école, Rosencrantz et Guildenstern, à la Cour du Danemark.

Aussi longtemps que les deux valeurs de *mome* se tiennent à distance, l'humour demeure en souffrance, suspendu entre les plaisanteries spirituelles du *fool* et l'ironie mordante du mélancolique. L'humour naît lorsque le bouffon ressent la morsure de la bile noire ou que le mélancolique « revêt la disposition d'un *antic* (« clown ») ». Hamlet, nous semble-t-il, en détient le secret, fussions-nous capable d'« extirper le cœur de [son] mystère » (*Hamlet*, 3.2.348).

## 23 *À quoi reconnaît-on la mélancolie d'Hamlet ?*

Timothy Bright et Robert Burton distinguent deux régimes de causes en ce qui concerne la mélancolie : les causes adventices, fortuites ou *externes*, et les causes prochaines, immédiates ou *internes*. Les causes externes se répartissent en quatre groupes : causes surnaturelles, naturelles, non-naturelles et accidentelles. Hamlet doit sa mélancolie à des facteurs qui découlent de chacun de ces groupes. Le premier est accidentel : Gertrude le résume en rappelant à Claudius, « la mort de son père et notre mariage précipité » (2.2.57). À cela s'ajoute un naturel mélancolique, lequel sied à un étudiant en philosophie, mais ne le dispose guère à réagir promptement aux injonctions paternelles les plus impérieuses. Le troisième facteur relève des « choses non-naturelles » et du régime des passions : Claudius et Polonius réussissent tous les deux à frustrer les désirs du prince, l'un en l'empêchant de retourner à l'université de Wittenberg, et l'autre en enjoignant sa fille de repousser ses avances. Polonius croit détenir là le secret de la « transformation » d'Hamlet. En effet, la description que livre Ophelia de ce prétendant débraillé, « aussi pâle que sa chemise, ses genoux s'entrechoquant » (2.1.82), semble corroborer le diagnostic de *love melancholy* : d'après Burton, « leurs jambes flageolent » (*Anatomie de la mélancolie*, t. III, p. 136).

Cependant, la mélancolie érotique du prince se métamorphose en un dégoût de plus en plus prononcé pour tout ce qui relève de la sexualité, le mariage incestueux de sa mère ayant infecté l'idée qu'il se faisait de la pureté de la femme. Les paroles énigmatiques et les traits d'esprit qui émaillent son discours, surtout lorsqu'il joue l'*antic* auprès de Polonius, masquent à peine cette désaffection : « For if the sun breed maggots in a dead dog, being a good kissing carrion – Have you a daughter ? » (2.2.181-182) ; de même que le soleil (*sun*) engendre des vers dans un chien mort, le fils (*son*) de Gertrude risque d'engrosser cette « charogne bonne à baiser » qu'est la fille de Polonius. Aux yeux du mélancolique, le corps sexué revêt les allures d'un cadavre en pleine putrescence.

Burton attribue les causes surnaturelles de la mélancolie à des envoûteurs, magiciens et sorciers, aux démons et esprits, et à Dieu. Hamlet voit son existence personnelle ravalée par l'esprit de son père qui, n'étant plus en mesure de se venger lui-même, enjoint son fils d'assouvir son désir de vengeance – désir qui, par ailleurs, ne peut qu'aggraver, selon Burton, « notre misère et notre mélancolie, nous accabler de l'Enfer et de la damnation éternelle ». C'est justement parce qu'il se sait mélancolique qu'Hamlet s'interroge sur l'authenticité de sa vision : l'esprit qu'il a vu était peut-être le diable, car le diable a le pouvoir et de revêtir une forme agréable, et d'agir sur les esprits engendrés par la bile noire (2.2.587-592).

Hamlet fait référence ici aux causes internes de la mélancolie. Pour Galien, l'intelligence compose un milieu transparent, irradié de la clarté du jour, propice à la réception non-déformante d'images correspondant aux perceptions du monde extérieur. Lorsque la tête s'échauffe, le sang brûle, dégageant des vapeurs mélancoliques, qui perturbent l'esprit. Outre que ces vapeurs obscurcissent les messages des organes sensoriels, leurs volutes sont interprétées par le cerveau comme étant autant d'objets terrifiants dont la perception lui parvient de l'extérieur alors que, comme les images de rêve, ils n'ont qu'une réalité endogène et hallucinatoire. Par conséquent, lorsqu'Hamlet craint que « ses imaginations ne soient aussi noires que la forge de Vulcain » (3.2.78-79), il faut l'entendre à la lettre. Il en va de même lorsqu'il avoue son *tedium vitae* à Rosencrantz et à Guildenstern : « Ce dais si excellent, l'air, voyez, ce firmament splendide qui nous surplombe, ce toit majestueux orné de flammes d'or – eh bien, il n'est rien d'autre à mes yeux qu'un fétide et pestilentiel agrégat de vapeurs » (2.2.297-309, trad. F. Maguin). Cette évocation de la voûte céleste recèle un auto-diagnostic sur le mode de l'analogie microcosmique : le ciel interne, le *spiritus* (l'air, l'esprit) et les *spiriti* (les astres lumineux, les esprits animaux) sont obscurcis par des vapeurs bilieuses et noires engendrées par la combustion des humeurs. Comme le disait Marcile Ficin dans *De Vita Triplici*, « en pareil cas on n'espère rien, on craint tout, et le spectacle de la voûte céleste n'inspire plus que du dégoût ».

## 24 *Hamlet est-il fou ?*

S'il ne peut y avoir le moindre doute quant à la nature de l'humeur qui tracasse les esprits d'Hamlet, les avis ne s'accordent pas quant au degré de son emprise. Pour reprendre cette phrase de

Feste qui résume sur un mode comique l'apport du *Problème XXX* d'Aristote, Hamlet est-il un *fool,* un dément ou un noyé ? Alors que Polonius n'hésite pas à qualifier son *distemper* (« mauvais mélange des humeurs ») de « madness », de « lunacy » et d'« ecstasy », Claudius est plus circonspect : « Il y a quelque chose dans son âme/ Que couve sa mélancolie » (2.1.165-166). Guildenstern y discerne une « crafty madness », aux deux sens du terme : « rusé, intelligent » et « feint ». Hamlet lui-même dit à sa mère qu'il n'est que « mad in craft » (3.4.177). Or, tout au long de la pièce, Shakespeare mène une réflexion sur ce qu'on appelle *to act.* Ce verbe a deux sens en anglais : « jouer un rôle » et « agir ». Au lieu d'agir promptement en tuant l'assassin de son père, Hamlet choisit d'« assumer une disposition clownesque » (1.5.179) et temporise ; mais en s'arrogeant la fonction de bouffon à la Cour, il peut à la fois tromper la vigilance de Claudius, manœuvrer en catimini, et émettre, sans crainte de représailles, des vérités sur le monde corrompu dans lequel il vit. D'ailleurs, si Hamlet est un *player,* le personnage qu'il joue n'est autre que lui-même : « Semble, madame ? [...] Je ne connais pas ton “semble” » (1.2.76). Il devient un *fool* parce qu'il fait ce que fait tout *fool* : il mime sa propre folie, et en la mimant il retrouve une certaine liberté par rapport aux puissances humorales qui le corrodent. Mieux, en s'identifiant à ces mêmes puissances, il élargit leur rayon d'action, il les fait passer au plan du langage. La bile noire alimente les assises cérébrales de sa pensée, dévie les opérations formelles qui président à la création de nouvelles phrases, déclenche des séquences inédites, des enchaînements saugrenus, des associations cocasses. Autrement dit, l'humeur se transforme en humour.

La folie d'Hamlet relève ainsi de la même ambiguïté foncière que celle du *fool.* Feste, dans *La Nuit des rois*, n'est pas moins fou lorsqu'il *dissemble* (« dissimule ») ; au contraire, sa folie même, son caractère labile et protéiforme l'y prédisposent à merveille. Au moment de se couler dans le personnage de Sir Topaz, il déclare : « “Ce qui est, est” (*That that is, is*). Moi donc, étant monsieur le curé, suis monsieur le curé ; car qu'est-ce que “ce” sinon “ce”, et “est”, sinon “est” ? » L'homonymie des pronoms démonstratif et relatif en anglais crée cet effet redondant où les mots, en se répétant, ne renvoient plus qu'à eux-mêmes. Pour Feste, le langage constitue un régime de désignations autonome, coupé de toute référence extérieure, dans lequel les rapports et les relais linguistiques priment sur les rapports et les relais réels. Shakespeare nous livrerait-il ici la clef du discours bouffon ? Si tel est le cas, on pourrait le rapprocher du « langage hypocondriaque ou d'organe » qui constitue aux yeux de Freud l'un des symptômes de la schizophrénie. Dans le discours schizophrénique, dit-il, « c'est l'identité de l'expression verbale, et non la similitude des choses désignées » qui commande à la substitution d'un mot par un autre (*Métapsychologie*, p. 116). Cela dit, Freud voit le même processus à l'œuvre dans le cas du mot d'esprit, surtout en ce qui concerne les *Klangwitze* (« calembours ») et les *Wortwitze* (« jeux de mots ») : comme le rappelle Michel Arrivé (1994), « c'est en prenant les mots au pied de la lettre qu'on prend son pied avec la lettre » (p. 252).

## 25 *Quel est le moment le plus emblématique de l'émergence de l'humour sur la scène élisabéthaine ?*

Hamlet joue du discours bouffon comme personne : il alterne bribes de chansons, énigmes, obscénités et calembours. Polonius, Claudius, Rosencrantz, Guildenstern et Osric lui servent de faire-valoir à tour de rôle. Mais ce n'est qu'au cinquième acte qu'il affronte des êtres qui ont (ou qui avaient) l'esprit aussi délié que lui. Shakespeare réunit sur la scène le *mome* aristocrate, le *clown* rustaud et le *fool.* Le *clown* possède assez d'esprit pour jouer sur les mots et poser des devinettes, mais à la différence du *fool,* son discours est truffé de pataquès. Lorsqu'Hamlet et Horatio le voient, il est en train de creuser une tombe, ce qui l'amène de temps en temps à déterrer un crâne. Cela ne manque pas de susciter la verve satirique du *mome* qui saisit l'occasion pour railler les stratèges peu scrupuleux, les courtisans et les juristes, enfin tous ceux qui ferment les yeux sur leur mortalité. Puis Hamlet engage la conversation avec le fossoyeur : « Elle est à qui, cette tombe ? » « À moi, monsieur ». Énervé, Hamlet change de méthode : « Pour quel homme le creuses-tu ? » « Aucun ». « Pour quelle femme, alors ? » « Aucune ». « Mais qui donc doit y être enterré ? » « Quelqu'un qui était une femme, mais, paix à son âme, elle est morte » (5.1.122-129). L'exactitude rageante du *clown* fournit au *mome* un nouveau sujet de satire : l'adoption par les classes populaires de la minutie affectée des courtisans. À vrai dire, le *clown* répond comme s'il avait posé lui-même cette suite de questions à la manière d'une devinette. Dorénavant, Hamlet sera relégué au rôle de faire-valoir.

La conversation aborde un nouveau registre avec l'évocation de la folie du prince. La scène est d'autant plus cocasse que le *clown* ne semble pas connaître l'identité de son interlocuteur. Hamlet a beau l'interroger sur les causes de sa prétendue folie, le *clown* ne lui répond que par des lapalissades. Puis il attire son attention sur le crâne déterré de quelqu'un qui avait été lui aussi un « mad fellow » : Yorick, le fou du défunt roi Hamlet. Il s'ensuit l'un des face-à-face les plus étonnants de l'histoire du théâtre, dernier avatar de ce couple saugrenu qui occupe la scène anglaise autour de l'année 1600 ; mais cette fois-ci c'est un mélancolique *tragique* qui scrute un bouffon *mort* : « Où sont tes moqueries maintenant, tes gambades, tes chansons, tes traits d'esprit qui faisaient s'esclaffer les dîneurs ? Qui rit maintenant de tes grimaces ? N'as-tu plus l'esprit de répartie (*Quite chop-fallen*) ? » (5.1.180-183). La vue du crâne inspire au prince de la pitié, du dégoût et puis, immanquablement, une attitude moqueuse. De nouveau, le *fool* trouve quelqu'un qui rit de ses grimaces. Hamlet réussit à maîtriser la fascination qu'exercent cette mâchoire qui pend, ce rictus inane par le biais d'un jeu de mots : *chop-fallen* évoque à la fois la mâchoire manquante du bouffon et l'état d'abattement auquel la mort l'a réduit. À l'instar de Berowne dans *Peines d'amour perdues*, Hamlet en vient à « move wild laughter in the throat of death », expression ambiguë qui signifie à la fois « éclater de rire » et « provoquer le rire » dans la gorge même de la mort. En même temps que le Fou rit au nez de la Mort, la Mort, elle, revêt les traits du Fou pour en réaliser l'apothéose. Aussi Yorick n'a-t-il jamais été mieux à même d'exercer son métier de bouffon, à savoir : divulguer la vérité à tous ceux qui s'adonnent d'une manière ou d'une autre aux artifices du paraître.

Tout vis-à-vis engendre des effets de miroir. Le bouffon mort auquel Hamlet prête une deuxième vie double le prince bouffon qui, ayant échappé à une première tentative d'assassinat et contre qui s'en trame une seconde, se trouve en sursis de mort. Il révèle à Horatio que Yorick, mort depuis vingt-trois ans, avait été son « père de jeu », par opposition à son « père d'idéal », le roi défunt. À son tour donc, le père-bouffon sort de sa tombe afin de révéler ses vérités sombres. On comprend mieux maintenant les hésitations d'Hamlet. Là où les circonstances exigent qu'il se modèle sur l'image du père royal, il se conforme à l'« antic disposition » du père bouffon. Au lieu d'agir en guerrier, il joue et fait jouer d'autres acteurs (la venue inespérée des comédiens itinérants à la Cour danoise lui permet de vérifier une fois pour toutes les paroles du spectre). Or, si l'image du père est double, celle du père bouffon l'est aussi : par rapport à son frère, Claudius n'est qu'un « *vice of kings*, [...] un roi fait de pièces et de lambeaux » (3.4.90-95). C'est là que réside le secret inavoué d'Hamlet : il finit malgré lui par s'identifier à cet autre « oncle-père » (2.2.371), non pas le bouffon mort, mais le bouffon meurtrier. Ainsi, en tuant Polonius, il déclenche la série d'événements qui culmine avec le massacre des principaux membres de la Cour et l'annexion du Danemark par la Norvège.

## 26 *Peut-on faire la part de l'humour et de l'ironie dans le drame élisabéthain ?*

La dimension comique de la tragédie élisabéthaine en général ne constitue guère, comme on le répète encore, un moyen de détente pour un public éprouvé par l'atrocité de l'action tragique, et elle n'est pas non plus une conséquence du désir d'amuser la partie la plus fruste du public ou d'exploiter les talents de l'*humorous man* et du clown ; au contraire, elle fait partie intégrante de l'univers tragique élisabéthain, revêtant un aspect ironique en ce qui concerne les agissements du destin et un aspect humoristique tantôt volontaire, tantôt involontaire chez ceux qui tâchent d'en découdre avec les puissances sombres de la fatalité.

Les morts de Polonius et de Gertrude dans *Hamlet,* comme celles de Bergetto dans *Dommage qu'elle soit une putain* de John Ford, d'Antonio dans *la Duchesse d'Amalfi* de John Webster, ou du fils cadet dans l'anonyme *Tragédie de la vengeance,* ne relèvent pas à proprement parler de l'homicide involontaire. Dans chaque cas, il y a préméditation et volonté meurtrière ; simplement, le coup rate sa cible et atteint une victime plus ou moins innocente, le plus souvent un proche très cher de l'assassin lui-même. Le meurtrier se voit donc châtié sur-le-champ pour un crime qu'il n'a pu commettre. L'ironie immanente à la situation se distribue selon trois axes : elle est *dramatique* puisque les ambitions du protagoniste sont démenties par l'action ; mais elle s'avère aussi *ontologique,* étant inhérente au geste meurtrier, et *métaphysique* pour autant que le retournement de l'acte contre l'assassin semble obéir à un ordre providentiel (quoique d'autres victimes fassent les frais de cet ordre !). L'humour, en revanche, dépend principalement de l'attitude du « vrai faux » assassin ou de la « vraie fausse » victime face à l'ironie sinistre de leur situation. Cet humour ne découle pas forcément des conditions freudiennes du phénomène : plutôt que d'*économie,* nous parlerions de *disconvenance* de sentiment. Loin de montrer de la crainte, du remords ou du recueillement, le fils cadet monte à l'échafaud en invectivant sa famille. La surprise qu'éprouve Bergetto à l'égard de sa douleur est plus grand encore que sa souffrance : l'attaque a été si fulgurante qu'il ignore être victime d'un assassinat. De même qu'il s'étonnait de ressentir un gonflement au bas ventre quand sa fiancée l'embrassait (3.5.45), il s'étonne maintenant des bouleversements que le poison provoque dans ses entrailles. L'humour (tempéré de pathos) découle à la fois de l'objectivité détachée du regard qu'il porte sur son propre corps agonisant – détachement qui, exercé par l'humoriste conscient, constitue la plus noble des attitudes –, et la naïveté des images culinaires dont il se sert pour évoquer les sensations terribles qui le tourmentent : « Oh mon estomac bout comme une marmite de porridge ; de l'eau froide, sinon je déborderai ! » (3.8.18-19).

Quoique les attitudes respectives du fils cadet et de Bergetto provoquent chez le spectateur la sensation de l'humour, ils ne l'éprouvent pas eux-mêmes. L'humour actif, volontaire, « d'émission », doit être mis au seul compte de l'auteur. Ce n'est pas toujours le cas, surtout du côté de l'assassin malheureux qui se méprend sur l'identité de sa victime. Bien que les frères du fils cadet se l'interdisent, ils reconnaissent que leur erreur fatale pourrait se prêter à la plaisanterie (« Mock off thy head ? »). Hamlet, en revanche, s'en donne à cœur joie : ainsi, il s'apprête à traîner (*draw*) le cadavre de Polonius hors du boudoir de sa mère comme s'il entamait la péroraison d'un discours officiel, jadis la spécialité du mort : « Come, sir, to draw toward an end with you » (3.4.196). Lorsque le roi lui demande où est Polonius, il répond : « Au dîner ». Claudius, ahuri, l'interroge de nouveau. Hamlet précise : « Non pas là où il mange, mais là où il est mangé » (4.3.20). Et quand, finalement, il révèle la localisation du cadavre, il ajoute d'un ton facétieux : « Il vous attendra » (4.3.38).

# III

# L'ÉLABORATION DU CONCEPT DE L'HUMOUR DEPUIS LE XVIIe SIÈCLE

Déterminer l'an 1600 comme moment où l'humeur et l'humour revêtent la plus grande indifférenciation n'exclut pas la possibilité d'autres apparitions d'un tel moment. Il a été choisi principalement sur des critères linguistiques, le mot lui-même subissant un criblage forcené unique dans son histoire. Bien que nous approuvions le jugement général qui voit dans l'humour « une invention de l'esprit moderne », selon le mot d'Octavio Paz, nous entendons « invention » dans le sens où l'on dit « invention d'un trésor », c'est-à-dire la remise au jour, la découverte de quelque chose d'enfoui.

Au schéma explicatif de base, celui d'un écart qui procède toujours en grandissant de part et d'autre de l'an 1600 et dans lequel se creuse la différence entre l'humour et l'humeur, nous proposons d'ajouter un deuxième mouvement, compensateur en quelque sorte, qui opérerait dans l'histoire des moments de raccordement et de réalignement de l'humeur sur l'humour et de l'humour sur l'humeur. Ayant déjà examiné quelques humoristes éminents se situant en amont de 1600 – Démocrite, Diogène, Villon, Rabelais –, et autour de ce date – le théâtre élisabéthain –, il convient maintenant de se diriger en aval.

## 27 Y a-t-il plusieurs types d'humour ?

Dès la fin du XVII^e siècle, moment où le public cultivé de Grande-Bretagne prend conscience du dédoublement conceptuel du mot, les distinctions essaiment. Pour John Dryden, l'humour désigne « quelque habitude, passion ou affectation dont l'extravagance est spéciale à un individu et le distingue par une bizarrerie du reste de l'humanité » (*Essai sur la poésie dramatique*, 1668). Toutefois, l'apparente passivité de ce que Lord Kames dénomme « humor humoratus » recèle un côté plus actif, une manière originale de regarder le monde, déjà implicite dans le caractère souvent affecté et feint de l'humour : « humor humorans » (*Éléments de critique*, 1762).

Au XVIII^e siècle, l'humour perd rapidement de vue l'humeur : peut-être est-ce là la condition même de sa reconnaissance. Richard Addison, dans le *Spectator* daté du 10 avril 1711, fait de l'Humour le fils de l'Esprit et de la Gaieté, petit-fils de la Vérité, et ses analyses éliminent du concept de l'humour « la dose, variable, mais réelle, de spleen que comporte le phénomène » (A. Mavrocordato, 1967, t. I, p. 19). En effet, de même que dans le *Dictionnaire de Poétique et de Rhétorique* d'Henri Morier, c'est du côté du Faux Humour, fils de la Frénésie et du Rire, petit-fils de l'Absurde, que subsiste la composante humorale. La distinction vrai-faux est la première d'une longue lignée – « actif-passif », « rose-noir », « d'émission-de réception » – par laquelle le commentateur essaie avec plus ou moins de perspicacité de recentrer le phénomène sur l'humeur.

Dans le *Spectator* du 5 novembre 1714, Addison explique que l'humour véritable ne réside pas dans des boutades grotesques ou dans des figures de style, mais dans la pensée même de l'artiste : il est le fruit de l'évocation de « circonstances curieuses éclairées d'une lumière incongrue ». Toutefois, dans le même article, il apporte de l'eau au moulin de ceux qui ne voient dans l'humour qu'un ensemble de procédés techniques, avec en prime le décalage et la transposition : « L'humoriste est un homme qui vous débite des choses inattendues avec l'air le plus grave du monde. » Il retrouve ainsi ce qui pour d'aucuns constitue la première définition de l'humour : dans la deuxième partie d'*Henri IV* de Shakespeare, Falstaff compte faire rire le prince Hal en débitant « a jest with a sad brow » – une plaisanterie dite avec un « front sérieux » (5.1.75).

Dans l'essai théorique qui sert de préface à *Joseph Andrews* (1742), Henry Fielding établit une nette distinction entre le comique et ce qu'il appelle le burlesque. La comédie réprouve les vices, au premier rang desquels se placent la vanité et l'hypocrisie, « mais le burlesque, qui contribue davantage au rire exquis que n'importe quoi d'autre, ne le fait jamais en suscitant le mépris ». Le burlesque cherche à renverser l'attente du lecteur en créant des juxtapositions insolites, des anachronismes délibérés et autres incongruités de la même espèce. L'effet, s'il est réussi, nous fera rire, mais d'un rire « plein de bonne humeur et de bienveillance ». Ce que Fielding nomme *burlesque*, d'autres le nomment *humour* : en le mettant en pratique dans ses romans picaresques, et surtout dans *Tom Jones*, il devient l'illustre géniteur du « roman humoristique anglais » – dont Smollet et Sterne au XVIIIe siècle, et Dickens et Thackeray au XIXe sont les tenants les plus illustres – et, partant, des procédés qui définissent ce genre : la construction hybride, le plurilinguisme, le pastiche, la destruction du faux sérieux (pathétique et sentimental), et le discours bivocal. Toutefois, l'humour n'étant qu'une composante du grand rire qui secoue ces œuvres, nous allons le traquer là où il apparaît relativement nu et sans surcharge.

## 28 *Au nom de quoi l'humoriste prône-t-il le cannibalisme ?*

D'après Diogène Laërce, Diogène « ne trouva pas si odieux le fait de manger la chair humaine comme le font des peuples étrangers, disant qu'en saine raison, tout est dans tout et partout » (*Vies*, p. 33). Le vrai humoriste, comme le médecin du même nom, pense le monde en termes de flux et de mélanges de flux : « Il y a de la chair dans le pain et du pain dans les herbes », disait encore Diogène, « ces corps et tant d'autres entrent dans tous les corps par des conduits cachés, et s'évaporent ensemble » (*ibid.*, p. 34). Il est l'auteur d'un *Thyeste*, drame anthropophage par excellence, et que Sénèque aurait lu avant de composer le sien. Or, le cannibalisme consenti a une place de choix dans les écrits humoristiques. André Breton ouvre son *Anthologie de l'humour noir* par des exemples puisés chez Jonathan Swift et le marquis de Sade.

*Modeste proposition pour empêcher les enfants des pauvres en Irlande d'être à la charge de leurs parents ou de leur pays et pour les rendre utiles au public* parut en 1729 sous les couleurs d'un traité d'économie politique traitant des problèmes de mendicité, de famine et de surpopulation endémiques à l'Irlande. Swift sait pertinemment que seul la réforme intégrale d'un système agraire inique pourrait endiguer la pauvreté dans son pays, mais pour mieux alerter l'opinion publique britannique, il a recours à une argumentation autrement plus remuante : il propose que les travailleurs terriens les plus pauvres vendent leurs enfants comme viande de boucherie. La visée satirique est évidente : « J'accorde que cet aliment sera un peu cher, et, par conséquent, il conviendra très bien aux propriétaires, qui, puisqu'ils ont déjà dévoré la plupart des pères, paraissent avoir le plus de droits sur les enfants. » Est-ce dire que la *Modeste Proposition* n'est qu'une parade ironique, l'auteur affectant d'entendre le mot *dévorer* au pied de la lettre pour mettre en œuvre ce que Robert Escarpit appelle « la suspension volontaire d'une évidence » – en l'occurrence, celle qui stipule que les enfants ne se mangent pas ?

L'humour est à chercher plutôt dans l'extrême précision de l'exposition : « Un enfant fera deux plats dans un repas d'amis ; et quand la famille dîne seule, le train de devant ou de derrière fera un plat raisonnable, et, assaisonné avec un peu de poivre et de sel, sera très bon bouilli le quatrième jour, spécialement en hiver. » Quand on connaît la phobie des enfants qui anime maints autres textes de Swift, il est impossible de ne pas déceler ici une délectation des plus perverses (d'ailleurs, pour certains Swift sombre dans la folie peu de temps après la parution de ce texte). Et même si l'on tient à ce que ce soit un texte d'humour « engagé », il faut convenir que l'attaque n'est pas seulement dirigée contre ceux qui traitent les pauvres comme des animaux, mais également contre les pauvres eux-mêmes, pour autant qu'ils se comportent comme des brutes : si sa proposition était adoptée, écrit Swift, les hommes « deviendraient autant aux petits soins pour leurs femmes en état de grossesse qu'ils le sont aujourd'hui pour leurs juments, leurs vaches et leurs truies prêtes à mettre bas, et ils ne les menaceraient plus ni du poing ni du pied (comme ils en ont trop souvent l'habitude), de peur d'avortement. » L'humour éclabousse tout le monde. À la différence de l'ironie ou de la satire, outils très efficaces dans la lutte politique, il se laisse difficilement récupérer, l'humoriste étant tout sauf un homme de parti.

Si Swift prône le cannibalisme principalement pour faire ressentir au lecteur la révoltante injustice des menées britanniques dans son pays, que penser de Sade ? Peut-on parler de visée satirique dans son cas ? Ici, si complicité entre auteur et lecteur il y a, elle se tisse entre les parties sombres et inavouables de chacun. Le mari de Juliette, Sbrigani, retrouve les accents de Diogène lorsqu'il déclare : « les répugnances sont des absurdités : elles ne naissent que du défaut d'habitude ; toutes les viandes sont faites pour sustenter l'homme, toutes nous sont offertes à cet effet par la nature, et il n'est pas plus extraordinaire de manger un homme qu'un poulet. » La chute de la dernière phrase est déjà hautement comique ; mais la dimension humoristique n'est pleinement atteinte que dans la phrase suivante (c'est Juliette qui parle) : « En disant cela, mon époux enfonça une fourchette dans un quartier de garçon qui lui parut fort bien apprêté, et en ayant mis au moins deux livres dans son assiette, il les dévora » (*Histoire de Juliette*, dans Breton, 1966, p. 47). Rien de plus répréhensible qu'une telle abomination, mais le lecteur en a de l'eau à la bouche tout de même ! Fallait-il attendre Freud pour admettre que l'absorption soit la forme la plus radicale de l'union des corps ?

## 29 *L'humour consiste-t-il dans un renversement de perspective ?*

Dans un « Billet à [ses] amis tenant lieu de préface » à sa *Vie de Fixlein, régent de cinquième* (1796), l'écrivain allemand

Jean Paul (Richter) énumère trois moyens de « devenir plus heureux (je ne veux pas dire heureux) ». Le premier « consiste à s'élancer si haut par delà les nuages de la vie que l'on voit l'ensemble du monde extérieur [...] rapetissé aux dimensions d'un jardin d'enfant » (*l'idéalisme*). Le deuxième consiste à tomber précisément dans ce jardin pour se nicher intimement dans le pli d'un sillon (*l'humour pratique*). « Le troisième enfin – que je considère comme le plus sage et le plus difficile – est celui-ci : se servir alternativement des deux autres » (*l'humour esthétique*). Si l'idéalisme aspire au grand, l'humour pratique se complaît dans le petit : le microscope serait, pour un humoriste de ce type, l'instrument de prédilection. En variant son emploi avec cette autre « petite machine infernale », le télescope, nous mettons en œuvre l'humour esthétique – à condition toutefois de regarder à travers la lentille la plus grande. Parmi son répertoire de procédés humoristiques, Jean Paul recommande, premièrement, d'indiquer des quantités minutieusement exactes là où l'on ne s'attend qu'à une expression vague ; deuxièmement, de revêtir d'une expression basse le sérieux de l'idée ; et troisièmement, de faire appel, en ce qui concerne des idées triviales, à la dignité des mots latins ou à des expressions bibliques.

Jean Paul définit l'humour de nouveau dans son *Cours préliminaire d'esthétique* (1803) : « L'humour, étant *le sublime renversé*, n'anéantit point l'objet individuel, mais l'objet fini qu'il contraste avec l'idée. Il n'y a pas, pour lui, de folie individuelle et de fous, mais la folie et un monde fou [...] ; il abaisse la grandeur, – mais point comme la parodie, – pour l'avoisiner à la petitesse ; il exalte la petitesse, – mais point comme l'ironie, – pour l'avoisiner à la grandeur ; et il anéantit ainsi l'une et l'autre notion, parce qu'en face de l'infini tout est égal, tout est néant » (7e programme, § 31).

Samuel Taylor Coleridge, dans ses *Propos de table*, emprunte à Jean Paul sa conception de l'humour. Pour le poète anglais, l'humour est une « généralité disproportionnée » revêtue d'universalité comme dans le cas de Walter Shandy (le héros du roman de Laurence Sterne, *La Vie et les opinions de Tristram Shandy*), car dans l'humour « l'insignifiant est fait grand et le grand insignifiant afin de détruire les deux » (p. 425). De même, il définit l'humour de Cervantès comme « une certaine référence au général, et à l'universel, par le biais de laquelle le grand fini est assimilé au petit, ou bien le petit au grand fini, de sorte que tous les deux soient réduits au néant par comparaison avec l'infini » (p. 425). Enfin, il évoque une tentative avortée de drame métaphysique : « Mon diable devrait être, comme celui de Goethe, l'humoriste universel, qui rendrait tout vain et sans valeur par la collation du grand avec le petit en la présence de l'infini » (p. 198).

## 30 *L'humour est-il objectif ou seulement subjectif ?*

Dans une section de son *Esthétique* consacrée à *l'humour subjectif* (2$^{e}$ partie, 3$^{e}$ section, chapitre III, 3, b), Friedrich Hegel dit très clairement qu'avant d'être un répertoire de procédés rhétoriques, l'humour est une posture de l'existence : « Dans l'humour, c'est la personne de l'artiste qui se met elle-même en scène tout entière dans ce qu'elle a de superficiel et de profond à la fois ; de sorte qu'il s'agit essentiellement de la valeur spirituelle de cette personnalité. » Par conséquent, « lorsque le poète manque de fond et n'est pas inspiré par une connaissance profonde de la réalité, [l'humour] tombe facilement dans le sentimental et la fausse sensibilité », comme cela est le cas avec Jean Paul. Le véritable humoriste, en revanche, cherche à « développer ce qui paraît purement arbitraire, comme réellement plein de vérité, et [à] faire ressortir du sein de ces particularités accidentelles une idée substantielle et vraie ». Hegel rejoint par ce biais la définition de Novalis (dans Baldensperger, 1899, p. 442) : « L'humour est le résultat d'un libre mélange de l'absolu et du contingent. C'est par l'humour que le contingent particulier devient intéressant d'une manière générale et qu'il prend une valeur objective. »

Si, comme le prétend Hegel, le principe fondamental de l'art est l'unité de la signification et de la forme, ou l'identification de la pensée personnelle de l'artiste avec son sujet et avec son œuvre, l'essor de l'humour, en tant qu'opérateur de dissonance et d'inadéquation, ne peut qu'annoncer la ruine de l'art romantique, voire de l'art en général : « dans l'humour, la personnalité poussée à son dernier degré d'indépendance [traite] le fond de l'art de la manière la plus capricieuse et la plus arbitraire. » Une telle attitude semble être à mille lieues de cette autre forme extrême (et également nocive) de l'art romantique, « l'imitation servile de la nature dans ses formes accidentelles ». Cependant, c'est de leur synthèse que naît *l'humour objectif* : lorsque l'esprit s'absorbe dans la contemplation des accidents du monde extérieur, dit Hegel, « et qu'en même temps l'humour, tout en conservant son caractère subjectif et réfléchi, se laisse captiver par l'objet et sa forme réelle, nous obtenons de cette pénétration un *humour* en quelque sorte *objectif* ». Or, l'humour objectif possède une réelle valeur artistique, étant la capacité de se pénétrer « des diverses situations que l'on veut dépeindre, de s'identifier avec elles, de les animer, de tirer par là d'une idée commune une œuvre originale, belle et digne d'intérêt » (2e partie, 3e section, chapitre III, 3, c : « La fin de la forme romantique de l'art »).

À en croire Hegel, *l'humour objectif* permet de « rendre l'impression que l'âme éprouve lorsque, douée d'une vive sensibilité, elle s'identifie avec son objet ». L'expression est remarquable car elle décrit très exactement l'état d'esprit que procure la consommation de certaines drogues, dont l'opium. L'opium ne provoque pas d'hallucinations – du moins très rarement à l'état de veille – mais il facilite l'absorption de l'esprit dans l'objet qu'il contemple. Ainsi, aux yeux du consommateur d'opium, un roseau, un arbre, une voiture semblent doués de personnalité – ce qui par ailleurs est une découverte irrésistiblement comique. La vue d'une masse de joncs évoque une foule de badauds pointant le nez en l'air comme pour affirmer leur méconnaissance de tout ce qui se passe autour d'eux. La subjectivité du spectateur anime l'objet, pour ainsi dire, du dedans : la distance qui sépare le sujet et l'objet s'annule. Le spectateur n'est plus assis devant son poste de télévision : il passe tout entier du côté des événements relatés. Et si, d'aventure, il laisse échapper un soupir qui exprime le découragement devant la difficulté des exploits qu'il est appelé à réussir dans son imagination, il prend conscience de cette identification et rit à gorge déployée. Car les plantes vireuses telles que l'opium, le cannabis ou certaines espèces de champignons ont pour effet d'aiguiser notre perception du monde extérieur, et non de l'émousser ou de la fausser. Si les objets coutumiers qui meublent notre environnement ne retiennent plus notre attention, c'est qu'ils ont perdu leur fraîcheur et, partant, leur « merveilleux » particulier. La drogue, en effaçant, l'espace de quelques heures, les habitudes sensorielles du cerveau, restitue au monde ce qu'il possède d'insolite, de *sensuel* et de tourbillonnant. Elle rétablit un courant coupé entre les choses et nous-mêmes, en promouvant une espèce d'immédiateté de la perception qui transpose tout message sensoriel, bruit, odeur, vision, en termes tactiles, chaque sensation devenant affaire de heurt ou de caresse. Car, pourquoi prend-on de la drogue en dépit des ravages qu'elle inflige au système nerveux ? Il faut bien l'admettre : au début, pour paraphraser Thomas de Quincey, les joies excèdent les peines. Ainsi, à certains égards, l'opiomane recherche la « forme générale » de l'humour telle que Robert Escarpit la présente : « C'est une volonté et en même temps un moyen de briser le cercle des automatismes que, mortellement maternelles, la vie en société et la vie tout court cristallisent autour de nous comme une protection et comme un linceul » (*L'Humour*, p. 127).

## 31 *Pourquoi l'humoriste est-il proche du religieux ?*

Selon le philosophe danois Sören Kierkegaard, le comique tout entier gît dans la contradiction. Dans son *Post-scriptum aux Miettes philosophiques* (2e partie, ch. 4, II, A, § 2), le premier exemple qui lui vient à l'esprit est d'*Hamlet :* « Hamlet jure par une paire de pinces ; le comique se trouve dans la contradiction entre la solennité d'un serment et l'attribut qui annule le serment, son objet étant indifférent. » La conception tragique connaît elle aussi la contradiction, mais alors que le comique se réserve le moyen d'en sortir, le tragique « voit la contradiction et désespère d'en sortir ». C'est pourquoi, conformément à la distinction aristotélicienne, « le tragique est la contradiction souffrante, le comique la contradiction sans douleur ».

L'humour constitue « le plus haut cercle du comique » parce que, en vertu de son côté tragique, « il se réconcilie avec la douleur, dont le désespoir, bien qu'il ne connaisse aucune issue, veut faire abstraction ». En mettant la souffrance en connexion avec l'existence tout entière plutôt qu'avec des circonstances particulières et contingentes, l'humoriste devient « ce qu'il y a de plus voisin du religieux ». Cependant, à la différence du religieux, l'humoriste « révoque la souffrance par la forme de la plaisanterie [...]. Il touche dans la douleur le secret de l'existence, mais ensuite il revient chez lui » ; car, bien qu'il comprenne que la souffrance est partie intégrante de l'existence, il ne comprend pas la souffrance comme telle. (Celle-ci est la conséquence de la réalisation que, devant Dieu, nous ne sommes rien et ne pouvons rien : la souffrance de « mourir à l'immédiat » entraîne inéluctablement l'anéantissement de soi-même.) Autrement dit, et pour emprunter l'expression de Joseph von Eichendorff, l'humour est la « conscience de la dissonance intime : ne pouvant plus concilier les termes contradictoires, elle joue avec eux, comme dans un accès de jovialité désespérée, pour supporter leur conflit » (cité par F. Baldensperger, 1899, p. 441).

## 32 *Où est l'humour dans les contes grotesques d'Edgar Poe ?*

Dans « Comment écrire un article à la *Blackwood* » (1838), Poe brocarde à la fois le magazine écossais, les « bas-bleus » qui écrivent dans *The Dial* – « Le Cadran » – et, pour faire bonne mesure, ses propres procédés de composition. « Si vous désirez faire de l'effet », dit M. Blackwood à la Signora Psyché Zénobia, « prêtez donc une attention méticuleuse aux sensations ». Il lui conseille d'avoir une connaissance expérimentale du sujet traité, lequel comportera de préférence des mésaventures insolites et originales ; ensuite, on doit choisir le ton le mieux approprié à l'histoire, quitte à la rembourrer de quelques traits de « bel-espritisme ». Psyché Zénobia met en pratique ces recommandations dans le conte suivant, « A Predicament », que Claude Richard et Jean-Marie Maguin traduisent, sur la base d'une hypothétique contrepèterie obscène, par « Vie dure ». Accompagnée de son serviteur noir et de son caniche, Psyché erre dans les rues d'Édimbourg en quête de sensations. Elle monte au sommet d'un clocher et, ayant passé sa tête à travers une ouverture pratiquée dans le *cadran* de l'horloge, se perd dans la contemplation de la ville. Puis, à sentir quelque chose de froid et d'aiguisé sur son cou, elle devient « indiciblement alarmée » : sa tête est prise entre l'énorme aiguille des minutes et le bord inférieur du trou du cadran. Cependant, fidèle aux instructions de M. Blackwood, elle s'applique à la notation minutieuse de ses sensations, et ceci *pendant* que l'aiguille lui passe à travers le cou ! L'horreur et l'angoisse font place à « une sensation d'exquise douleur » et, lorsqu'il n'y a plus qu'un « mince lambeau de peau à couper », au bonheur le plus complet. Ainsi, « Vie dure » se révèle être l'allégorie grotesque d'une défloration. Poe s'amuse à prendre le mot anglais *maidenhead* (« virginité ») à la lettre, la pucelle (*maiden*) perdant réellement sa tête (*head*).

Il est de bon ton de décrier l'humour empesé et emphatique des histoires burlesques d'Edgar Poe. D'après Marie Bonaparte, « tous les contes où Poe veut être burlesque sont basés sur le retournement d'un effet tragique en son contraire comique. Mais il se trouve que ce retournement réussit d'ordinaire assez mal à Poe ; son rire n'est jamais gai, son rire n'est qu'un rictus ». Autant reprocher à l'humour noir d'être noir, voire de manquer d'humour, comme le prétend Henri Morier. André Breton, qui ne partageait évidemment pas cet avis, cite « L'Ange du Bizarre » (1844) dans son *Anthologie de l'humour noir.* Les effets comiques sont en effet nombreux et variés dans cette nouvelle.

Le narrateur ayant douté de la véracité des faits divers improbables et macabres qui constellent les journaux – Poe, rappelons-nous, fut un mystificateur de génie, plusieurs de ses contes étaient donnés pour vrai dans les journaux de l'époque –, il se voit persécuter par l'Ange du Bizarre. Ainsi débute une série de mésaventures dont chacune est susceptible d'une explication rationnelle en elle-même mais dont l'enchaînement semble relever d'une fatalité supra-humaine. L'Ange prouve de cette façon au malheureux narrateur la possibilité de telles bizarreries, mais en même temps il leur enlève leur caractère purement hasardeux.

L'ange persécuteur est constitué d'un assemblage insolite d'*objets,* lesquels se trouvent pour le coup dotés de vie, mais dont l'effet d'ensemble n'a rien d'angélique : l'ange n'est autre qu'un gros fantoche de bois tout droit sorti d'un tableau de Jérôme

Bosch. « Les cauchemars de la peinture flamande », écrit Antonin Artaud, « nous frappent par la juxtaposition à côté du monde vrai de ce qui n'est plus qu'une caricature de ce monde ; ils offrent des larves qu'on aurait pu rêver. Ils prennent leur source dans ces états semi-rêvés qui provoquent les gestes manqués et les dérisoires lapsus de la langue » (IV, 69). Ainsi Poe attribue les « gestes manqués » de son narrateur à l'une de ces larves caricaturales surgie du fond d'un état « semi-rêvé » et propice aux visions hypnagogiques que Poe prisait tant.

« L'absurdité comique est de même nature que celle des rêves », dit Henri Bergson dans *Le Rire* (p. 190) : « L'Ange du Bizarre » relève de la logique du cauchemar, mais il n'est pas moins comique pour autant. Dans une situation hautement dramatique – une maison incendiée, une tentative de suicide par noyade – Poe introduit un élément trivial – un rat emporte une bougie allumée, une truie se frotte l'épaule contre une échelle, une corneille s'empare d'une culotte – qui, loin de diminuer l'effet de cauchemar, le fait passer dans le quotidien. L'humour est en grande partie visuel, et bien connu des amateurs de *slapstick* et de dessins animés : ainsi, la chute d'une échelle en déséquilibre, la perte d'un postiche, ou encore le fait de se retrouver courant dans le vide les jambes emmanchées dans sa chemise, intégreront, au cirque et au cinéma, le répertoire du comique gestuel. Mais l'humour n'est pas seulement dû à « la malice de l'objet » et au « piège de la situation », il découle également de l'attitude du sujet.

Le narrateur, après avoir perdu sa maison, son contrat d'assurance et ses cheveux, ne se répand pas en jérémiades mais décide de porter ailleurs son attention : « Cet incident [...] disposa mon esprit aux impressions sérieuses, si bien que finalement je résolus de me marier. » L'effet humoristique rentre ici dans les normes du schéma freudien : la dépense de sentiment attendu n'a pas lieu – le narrateur ne semble pas affecté outre mesure par ce qui vient de lui arriver. Nous ne savons plus comment le prendre. Nous devons le mépriser : c'est un ivrogne, un cynique et un profiteur. Pour lui le mariage n'est pas une affaire d'amour mais de calcul. Mais en même temps nous éprouvons une certaine admiration pour sa ténacité et de son refus de se laisser abattre ; car, au lieu de réagir émotionnellement à cette série de désastres, il se comporte en rationaliste.

De nouveau, c'est l'économie d'une dépense de sentiment qui suscite notre rire devant la plus funeste des résolutions : « Je réfléchis alors qu'il était pour moi grandement temps de mourir, puisque la fortune avait juré de me persécuter, et je me dirigeais en conséquence vers la rivière la plus prochaine. » Mais nous rions encore plus lorsque le narrateur oublie subitement sa résolution pour récupérer sa culotte qu'un corbeau a prise dans son bec. Le narrateur fait ainsi preuve d'une pudeur que même l'imminence de la mort ne peut entamer. Il révèle également une certaine propension à être distrait ; mais au lieu qu'une pensée lancinante le rende insensible aux menus incidents de son entourage, le comportement cocasse d'un oiseau lui enlève son projet suicidaire. Enfin, on rit aussi parce que l'on soupçonne le narrateur d'avoir profité de ce contretemps pour reporter sa tentative de noyade, l'instinct de vie s'étant réveillé sans doute au contact de l'eau gelée de la rivière.

## 33 *Où est l'humour dans le* nonsense *de Lewis Carroll ?*

Dans *De l'autre côté du miroir et ce qu'Alice y trouva* (1871), chacun des protagonistes royaux correspond à une humeur fondamentale : la Reine Rouge est colérique, le Roi Rouge dormant est manifestement flegmatique, la Reine Blanche mélancolique et le Roi Blanc, malgré les apparences, sanguin. Si l'humour est bien un corrélat de la mélancolie, c'est donc la Reine Blanche qui nous indiquera le lieu de sa plus grande concentration. Au début du cinquième chapitre, elle expose à Alice « les effets de la vie à rebours » – elle se met à crier, puis à saigner *avant* de se couper le doigt et non après –, amorçant ainsi le thème de la régression. La Reine mélancolique se transforme ensuite en mouton (*sheep*) : Alice se trouve aussitôt projetée dans « une petite boutique (*shop*) sombre ». La contre-assonance « shop/ sheep », en assimilant la brebis à la boutique, fait d'Alice un agneau (*amnos*) tapi dans la cavité amniotique du mouton (le mot anglais « ewe », « brebis », se prononce comme la première syllabe de « uterus »). Alice se retourne afin de scruter le contenu des rayons, mais les objets se mettent à couler autour d'elle comme dans une poche d'eau – « Things flow about so here ! » –, et c'est en vain qu'elle poursuit du regard une chose ressemblant tantôt à une poupée, tantôt à une boîte à outils. La brebis ne cesse de tricoter, prélevant sans doute la laine sur son propre corps.

La brebis tend une paire d'aiguilles à Alice en lui demandant de ramer : car la boutique s'est transformée en bateau qui glisse le long d'un conduit entre des hautes berges menaçantes. Elle crie de temps en temps « Feather », terme propre à l'aviron, mais qui évoque l'idée du père (*father*). La forme phallique des rames (qui restent enfoncées dans l'eau visqueuse) anticipe celle des roseaux odoriférants qui excitent la convoitise d'Alice. Bien qu'elle les saisisse tout au bas de leur tige, les roseaux se fanent aussitôt, et l'objet du désir reste hors d'atteinte : « il y'en avait toujours un autre plus beau qu'elle ne pouvait pas atteindre ». Puis, ayant été projeté par une rame au fond du bateau, Alice se retrouve dans la petite boutique sombre. La brebis pose un œuf sur un rayon à l'autre bout du magasin ; au fur et à mesure qu'Alice se dirige vers lui, l'œuf grossit – à moins qu'Alice, arrivée au terme de sa régression, ne rétrécisse. Cet œuf, c'est Humpty Dumpty, le maître du signifiant.

Humpty Dumpty, bien installé en haut du mur des significations, fait montre d'une superbe presque luciférienne quand il déclare : « Lorsque j'emploie un mot MOI, [...] il dit juste ce que j'ai décidé de lui faire dire... ni plus ni moins » (trad. A. Artaud). Alice se montre sceptique devant la capacité d'un locuteur d'imposer un sens privé à des termes dont la signification dépend à la fois de leur emploi antérieur et des relations qu'ils entretiennent à l'intérieur du système différentiel de la langue : « La question est de savoir [...] si vous avez le pouvoir de faire dire aux mots tant de choses différentes. » « La question est », rétorque Humpty Dumpty, « de savoir qui est le Maître... et c'est tout ». Lewis Carroll n'était pas d'un autre avis, lui qui écrivait dans *Logique symbolique et le jeu de la logique* : « Je maintiens que tout écrivain a le droit de conférer le sens qu'il veut aux mots ou aux phrases qu'il s'apprête à employer. Si un auteur m'avertit au début de son livre que par le mot *noir,* il faut entendre « blanc », et que par le mot *blanc,* il faut entendre « noir », j'acquiesce humblement à sa règle, même si je la considère peu judicieuse » (p. 165).

Cependant, faire d'Humpty Dumpty un précurseur des logiciens empiristes n'explique pas la teneur comique de ses propos. Carroll combine deux procédés : l'inversion et le jeu de mots. Si Humpty Dumpty évacue la signification d'un nom commun afin d'en faire le chiffre codé – dont il est le seul à connaître la clef – de toute une série de propositions, il prétend également qu'un nom propre doit signifier une propriété ou une classe générale : « "Est-ce qu'un nom doit signifier quelque chose ?" demanda Alice d'un ton dubitatif. "Mais sans aucun doute il le faut", dit gros [Humpty] avec un rire aigu. "Mon nom représente la forme que je suis, et c'est en plus une bien belle forme" » (trad. A. Artaud). Autrement dit, il intervertit la fonction des noms communs et des noms propres : dans sa bouche, « gloire » ou « impénétrabilité » *désignent* une suite inédite de propositions plutôt qu'ils ne *signifient* une essence ou une catégorie. En outre, Carroll joue sur le sens du verbe « employer ». Humpty Dumpty est le maître d'œuvre qui, ayant embauché une équipe de verbes et de noms, les dirige avec une verge de fer, quitte à leur accorder une rémunération hebdomadaire : « "Ah !" poursuivit, en hochant gravement la tête, Humpty Dumpty, "j'aimerais que vous les voyiez, les mots, le samedi soir, s'assembler autour de moi – pour toucher leur rémunération, savez-vous bien" » (trad. H. Parisot).

« Vivre à rebours » est la conséquence de l'inversion des rapports asymétriques dans le monde du miroir. Le *nonsense* carrollien se rapproche de ce point de vue du langage carnavalesque décrit par Mikhaïl Bakhtine dans *L'Œuvre de François Rabelais*, sans toutefois s'y confondre : tous les deux sont marqués par la logique des choses à l'envers, par « des permutations constantes du haut et du bas ("la roue"), de la face et du derrière », donnant lieu à des « parodies et travestissements, rabaissements, profanations, couronnements et détrônements bouffons » (p. 19). Cependant, Carroll ne parle pas la langue familière de la place publique. *À travers le miroir* est le carnaval privé d'un érudit ; toute la dimension populaire et sociale a disparu, les corps ont perdu de leur substance, et les discours de leur virulence. On a l'impression que Carroll nous décrit des événements propres au champ logique et que ceux-ci ne deviennent absurdes que pour avoir été passés au crible d'une langue naturelle et des images du monde extérieur qu'elle comporte. Car, en fin de compte, l'humour carrollien n'est opérant que relégué dans un arrière-monde de rêve et de reflets.

## 34 *Peut-on parler d'humours nationaux ?*

Charles Baudelaire s'essaie à « une espèce de théorie du rire » dans un article de 1855, « De l'essence du rire et généralement du comique dans les arts plastiques ». À l'en croire, « le rire humain est intimement lié à l'accident d'une chute ancienne, d'une dégradation physique et morale », car « le comique est un des plus clairs signes sataniques de l'homme et un des nombreux pépins contenus dans la pomme symbolique ». Il rejoint par ce biais les propos de la théologie morale chrétienne du Moyen Âge sur la cause matérielle du rire, la bile noire. Dans *Causae et Curae,* par exemple, Hildegarde de Bingen précise que toutes les humeurs, à l'exception du sang, sont la conséquence directe du fruit défendu. Qu'elle ait connu ou non le mythe d'Héraclès, supplicié par une tunique infusée dans le sang *melankholos* de l'hydre de Lerne, Hildegarde attribue la *poena Adae* au souffle mélancolique du serpent (poison destiné, comme dans le mythe grec, à subir une série de dilutions sans que sa virulence ne soit diminuée pour autant) : « une humeur sourd en eux [les hommes], engendrant la mélancolie qui, fécondée par l'haleine du serpent, naquit dans le premier fruit de la semence d'Adam lorsque celui-ci, suivant son conseil, dévora la pomme » (*Saturne et Mélancolie*, p. 140).

Selon Baudelaire, le rire vient de l'idée qu'a l'homme de sa propre supériorité, et il ajoute : « Idée satanique s'il en fut jamais ! » Le rire infernal qu'évoque le poète s'avère sombre et méchant, alors que dans la littérature récréative du Moyen Âge, le diable était plutôt un bon compagnon, un « joyeux épouvantail ». Si le rire demeure essentiellement contradictoire, la nature de la contradiction change. Elle ne tient plus de l'intrication de la vie et de la mort comme, par exemple, lorsque Gargantua ne sait s'il doit pleurer la mort de sa femme ou se réjouir de la naissance de son fils, mais de la place ambiguë qu'occupe l'homme sur l'échelle des êtres : le rire, dit Baudelaire, « est à la fois signe d'une grandeur infinie et d'une misère infinie, misère infinie relativement à l'Être absolu dont il possède la conception, grandeur infinie relativement aux animaux. C'est du choc perpétuel de ces deux infinis que se dégage le rire ».

Baudelaire procède ensuite à une typologie des rires, prenant soin d'écarter la joie et le rire des enfants. Il en vient à une différence fondamentale : « le rire causé par le grotesque a en soi quelque chose de profond, d'axiomatique et de primitif qui se rapproche beaucoup plus de la vie innocente et de la joie absolue que le rire causé par le comique des mœurs ». Il oppose le grotesque, ou « comique absolu », au comique ordinaire, ou « comique significatif », lequel n'est qu'une « imitation mêlée d'une certaine faculté créatrice », alors que le premier serait une « création mêlée d'une certaine faculté imitatrice ». Cette création quasi-autonome suscite le rire parce qu'elle semble démontrer la supériorité de l'homme sur la nature.

Baudelaire intègre l'antinomie formulée par E.T.A. Hoffmann entre le comique ordinaire et le comique innocent pour faire de ce dernier un degré moindre du comique absolu. C'est l'apanage de l'esprit italien tandis que « la rêveuse Germanie » arbore le comique absolu. En France, à l'exception de Rabelais, « le grand maître français en grotesque », le comique est généralement significatif, et, chauffé à blanc, donne le comique féroce typique des « royaumes brumeux du spleen », – autre manière d'évoquer la différence entre l'*esprit* à la française et l'*humour* britannique. Quant à la pantomime anglaise, dont la violence et « le vertige de l'hyperbole » l'impressionnent beaucoup, Baudelaire la considère comme la quintessence de la comédie : « c'est l'élément comique pur, dégagé et concentré. »

Or, la pantomime anglaise, comme le cirque et, dans une moindre mesure, le théâtre élisabéthain, est le fruit d'un croisement anglo-italien. Les courants les plus puissants de l'humour sont en effet transnationaux : à l'axe anglo-italien on peut ajouter un axe ibéro-français (Lautréamont, Picasso, Dali, Buñuel, Monteiro, etc.) et un axe germano-américain (Freud, Kafka, les Marx Brothers, etc.). Le premier tourne autour de la mort, le deuxième autour du rêve, le troisième autour de l'enfance.

## 35 *Comment l'humour diffère-t-il du comique ?*

« Je vois une vieille dame », écrit le dramaturge sicilien Luigi Pirandello dans *Essence, caractères et matière de l'humorisme* (1908), « ridiculement fardée et attifée d'oripeaux de jeune fille. Je me mets à rire. Je constate que cette vieille dame est le *contraire* de ce qu'une femme âgée respectable devrait être » (p. 117). Or, cette première constatation relève du comique. Mais si l'idée nous vient par la suite que cette vieille dame n'éprouve aucun plaisir à se parer de cette manière et qu'elle en souffre, on passe de la *constatation* au *sentiment* du contraire, c'est-à-dire du comique à l'humoristique. Pirandello prend ensuite l'exemple plus élaboré de Don Quichotte. « Nous aimerions bien rire de tout ce qu'il y a de comique dans la représentation de ce pauvre aliéné », mais nous sentons en même temps que quelque chose s'y oppose : « un sentiment de commisération, de tristesse et également d'admiration, car si les aventures héroïques de ce pauvre Hidalgo sont totalement ridicules, il ne fait cependant aucun doute que, sous ce ridicule, il est vraiment héroïque » (p. 120).

Selon Pirandello, la naissance d'une œuvre dans l'esprit de l'artiste s'accompagne toujours de la réflexion consciente ; simplement dans la plupart des cas, celle-ci se manifeste sous couvert d'un sentiment diffus. Lors de la conception d'une œuvre humoristique, cependant, la réflexion tend à annuler le sentiment ; pis, elle en vient à interrompre « le mouvement spontané qui organise idées et images en une forme harmonieuse » (p. 115). Cela donne lieu à ces interminables digressions, emboîtées les unes dans les autres, dont se compose l'intégralité de romans comme *La Vie et les opinions de Tristram Shandy* de Laurence Sterne ou *Jacques le fataliste* de Denis Diderot. Car, chez l'humoriste, « chaque groupe d'images fait naître et appelle son contraire, ce qui a pour conséquence de diviser l'esprit, lequel, en proie à l'inquiétude, s'obstine à trouver ou à fixer entre tout cela les relations les plus impensables » (p. 126). Une représentation vraiment humoristique suscite toujours la perplexité et l'irrésolution de la conscience.

L'humoriste se distingue de l'auteur comique, l'ironiste et le satiriste du fait qu'il est le seul à éprouver le *sentiment du contraire* : si ce sentiment naissait dans l'esprit des autres, « il rendrait amer, c'est-à-dire privé de tout comique, le rire que provoque chez le premier la perception d'une quelconque anomalie ; la contradiction qui n'est que verbale chez le second entre ce qu'on dit et ce qu'on désire faire entendre, deviendrait effective, matérielle et cesserait donc d'être ironique ; et disparaîtrait aussi l'indignation ou, si l'on veut, l'aversion à l'égard de la réalité qui est la raison d'être de la satire » (p. 141).

L'humorisme de Pirandello est ainsi tributaire de la notion intellectualiste du comique comme étant fondé sur la contradiction ; cependant, sa mise en relief du passage de la constatation comique au sentiment humoristique du contraire l'amène à se demander si l'humorisme ne serait pas une façon particulière de considérer le monde, voire une disposition de l'esprit : « une mélancolie innée et héréditaire, de tristes vicissitudes », déclare-t-il, « peuvent déterminer indubitablement cette disposition d'âme singulière qu'on appelle humoristique » (p. 126).

## 36 *L'humour dépend-il d'une entente tacite entre l'auteur et son public ?*

L'humour implique-t-il une pose conciliante par rapport à son interlocuteur, une indulgence réelle à l'égard de son objet ? C'est ce que pensent ceux qui ne connaissent que l'« humorisme bon enfant ». Selon Robert Escarpit, par exemple, « une des constantes de l'humour est la bienveillance des intentions ou tout au moins l'esprit de tolérance » (*L'Humour*, p. 82). On serait mieux avisé d'écouter Pirandello et de se méfier de la « sympathie indulgente » de l'humoriste, pour peu qu'elle soit le fruit du *sentiment du contraire*. Si, comme le prétend le dramaturge, « Tout sentiment, toute pensée, tout élan, au moment même où ils jaillissent, se dédoublent, chez l'humoriste, en leur contraire », alors son apparente indulgence naît de l'hostilité et vice versa (*Essence, caractères et manière de l'humorisme*, p. 131).

On peut illustrer ces propos en prenant pour exemple « Le Démon de la perversité » (1845) d'Edgar Poe. Le narrateur commence par entretenir le lecteur d'une particularité psychologique méconnue par les phrénologues. Le récit à la première personne inspire naturellement confiance en vertu d'une loi fondamentale de la lecture : le *je* du narrateur s'anime et se raconte à l'intérieur de la conscience du lecteur. Une identification du moins partielle est de ce fait inévitable. Si Poe affectionne la « focalisation interne », ce n'est guère par incapacité de raconter un autre que lui-même, comme on le dit parfois, mais pour exploiter les ressources de ce processus d'identification. Ainsi, dans « Le Démon de la Perversité », le fin psychologue qui commande notre respect et gagne notre assentiment se révèle être, au tournant d'une phrase, un assassin condamné à mort. Il n'est malheureusement pas la victime innocente d'une erreur judiciaire ; pis, il n'éprouve même pas de remords à l'égard du crime qu'il a commis. Ou plutôt, là où la morale chrétienne verrait le signe du repentir dans son désir irrépressible de confesser son forfait, Poe discerne l'esprit de la perversité, cette inconséquence psychologique qui pousse à des actions irrationnelles simplement parce que l'on ne devrait pas les commettre. Ainsi, en révélant au lecteur des pans de sa personnalité qu'il aimerait mieux ignorer, Poe détruit notre foi en la bonté innée de l'homme.

L'entente tacite est plutôt une condition indispensable à la communication de l'ironie. Quand Antonin Artaud, par exemple, recommande la peste comme la meilleure illustration possible des effets que le théâtre doit produire au sein de la communauté, on croit d'abord à une parade ironique. Puis on se rend subitement compte qu'il veut faire entendre exactement ce qu'il dit. La puissance du choc que procure la lecture des œuvres d'un humoriste provient en grande partie de cette prise de conscience. L'ironiste, afin que son auditeur comprenne qu'il fait de l'ironie, doit opérer à l'intérieur d'une vision du monde et d'une échelle de valeurs communes. L'humoriste, en revanche, ruine nos critères de jugement, parce qu'il nous parle d'un ailleurs non-localisable et dont nous n'avons pas la clef.

## 37 La représentation humoristique possède-t-elle des caractères spécifiques ?

Dans ses *Propos de table*, Samuel Taylor Coleridge pose la question : « Existe-t-il quelque trait humoristique (*humorific*) propre à tout ce qui peut être appelé humoristique (*humourous*) ? » Pour Fernand Baldensperger, l'humour « réside essentiellement dans une sorte d'inadéquation, de disconvenance ». Il énumère quatre types de décalage, qui sont également les propriétés formelles les plus frappantes de la littérature dite humoristique : la perturbation de l'organisation logique d'un texte (ainsi Immermann met en tête de son roman *Le Baron de Münchhausen* les chapitres XI à XV « en vertu de leur intérêt ») ; l'opposition entre les idées de l'humoriste et celles de son milieu ; « la disparate, instinctive ou consciente, entre la pensée et ses procédés d'expression » ; et l'inadéquation entre l'attitude de l'humoriste et l'objet de son inspiration (*Gottfried Keller*, p. 447-449). Ces trois derniers types de décalage, entre l'auteur et son public, le fond et la forme, et le sujet et l'objet, sont en fait trois aspects d'une seule et même posture : « Je suis persuadé », écrit Laurence Sterne, « que le charme principal de l'humour de Cervantès consiste en ceci, que l'auteur prend soin de décrire la moindre bagatelle avec toute la pompe d'un grand événement ».

D'autres analystes ont cru voir dans le procédé de *transposition* le ressort même de l'humour. Ainsi, dans *Le Rire. Essai sur la signification du comique*, Henri Bergson affirme : « On obtiendra un effet comique en transposant l'expression naturelle d'une idée dans un autre ton », la transposition se répartissant entre quatre espèces, selon qu'elle se situe sur l'axe du solennel et du familier (d'où la parodie et le genre héroï-comique), ou sur l'axe du réel et de l'idéal (d'où l'existence de deux types de satire : l'humour et l'ironie). On fait de l'ironie, écrit-il, lorsqu'« on énonce ce qui *devrait être* en feignant de croire que c'est précisément ce qui est » ; et on fait de l'humour lorsqu'« on décrit minutieusement et méticuleusement ce qui *est* en affectant de croire que c'est bien là ce que les choses devraient être » (p. 129). De ce point de vue, la figure la plus typique de l'ironie est l'antiphrase – « comme quand celui qui vit un nain passer dans la rue dit à son compagnon [...] : Tu vois le géant là-bas ? » (Georges Puttenham, 1589). L'humour, par contre, constitue une attitude beaucoup plus noble ; dans *Le Démon blanc* (1612) de John Webster, Flamineo, surpris par des assassins, demande à savoir avec quel type de lame il sera transpercé, ajoutant : « J'ai toujours pensé qu'un coutelier diagnostiquera la cause de ma mort, plutôt qu'un médecin » (5.6.230-233). « On accentue l'humour », poursuit Bergson, « en descendant de plus en plus bas à l'intérieur du mal qui est, pour en noter les particularités avec la plus froide indifférence ».

D'après Louis Cazamian, la transposition est obtenue grâce à l'arrêt volontaire des jugements implicites qui règlent nos réactions à la vie, que ce soit le jugement de comique (le « pince-sans-rire »), le jugement affectif, le jugement moral ou le jugement philosophique (« l'abdication apparente de la faculté généralisatrice »). Lorsque nous nous rendons compte que cet arrêt n'est que d'apparence, notre soulagement entraîne le rire (*The Development of English Humor*, p. 610). C'est dire que la notion de l'humour avancée par Cazamian exige la complicité de l'humoriste avec son public. Pour Georges Duhamel, l'humour tient surtout d'un effet d'optique : « L'humour consiste dans certaines variations d'éclairage qui permettent de découvrir l'objet sous tous ses aspects, certains de ses aspects pouvant se trouver contradictoires et, par ce fait même, révélateurs » (*La Défense des lettres*, III). Arthur Koestler est plus catégorique ; il invente le terme de « bisociation » pour désigner : « la perception d'une situation selon deux cadres de référence ou contextes associatifs qui sont à la fois cohérents et mutuellement incompatibles » (*Encyclopedia Britannica*). Ceci n'est qu'une retranscription d'une des lois du comique énumérées par Bergson dans *Le Rire :* « Une situation est toujours comique quand elle appartient en même temps à deux séries d'événements absolument indépendantes, et qu'elle peut s'interpréter à la fois dans deux sens tout différents » (p. 97). L'interférence des séries est à l'origine du quiproquo dans le domaine du comique de situation, ainsi que du calembour, de la contrepèterie et du jeu de mots dans celui du comique verbal.

Dans *L'Anti-Œdipe*, Gilles Deleuze et Félix Guattari prennent le contre-pied de ces assertions. Loin de résoudre ou de jouer avec les contradictions, l'humour se charge « de faire qu'il n'y en ait pas, qu'il n'y en ait jamais eu » (p. 17). Ils mettent en parallèle l'exercice de la lecture et celle de la narration : « En vérité, il n'y a jamais de contradictions, apparentes ou réelles, mais seulement des degrés d'humour. Et, comme la lecture a elle-même ses degrés d'humour, du noir au blanc, avec lesquels elle évalue les degrés coexistants de ce qu'elle lit, le seul problème est toujours celui d'une répartition sur une échelle d'intensités qui assigne la place et l'usage de chaque chose, chaque être ou chaque scène : il y a ceci et puis cela, et débrouillons-nous avec, tant pis si ça ne nous plaît pas » (p. 81). Exemplaire à cet égard est le « narrateur-araignée » de *La Recherche du temps perdu* de Marcel Proust, lequel « ne cesse de défaire toiles et plans, de reprendre le voyage, d'épier les signes ou les indices qui fonctionnent comme des machines et le feront aller plus loin. Ce mouvement même est l'humour » (p. 380).

Deleuze et Guattari en viennent ainsi à confirmer les déclarations de Vladimir Jankélévitch dans *Quelque part dans l'inachevé* à propos du lien entre l'humour et le mouvement : « L'humour, c'est la conscience en voyage » ; ou bien, « l'humour est en route, il n'est jamais arrivé, il va ailleurs, toujours au-delà » ; ou encore, « l'humour est taillé dans la même étoffe fluide que le devenir ». Cette dernière assertion nous ramène aux origines humorales de l'humour, car en fin de compte ce dernier n'est que « mobilité » et « fluence ».

## 38 *Comment l'humour génère-t-il du plaisir ?*

Dans *Le Mot d'esprit et sa relation à l'inconscient* (1905), Freud rapproche le trait d'esprit du rêve du fait, d'une part, qu'ils portent à l'expression l'un et l'autre un vœu inconscient et, d'autre part, qu'ils emploient pour ce faire les mêmes techniques, notamment la condensation, le déplacement, l'utilisation multiple du même matériel, la « figuration indirecte », la « figuration par le contraire » (l'ironie), et l'utilisation du non-sens.

D'après Freud, l'appareil psychique tend à la réduction de l'excitation, ou à son maintien à un « étiage » aussi bas que possible ; par conséquent, tout « gain de plaisir » résulte d'une « dépense psychique épargnée ». Dans le cas du mot d'esprit le plaisir provient d'une économie réalisée en matière de dépense d'inhibition, et dans le cas du comique de l'économie d'une dépense de représentation. En ce qui concerne l'humour, le plaisir provient de l'économie d'une dépense de sentiment – de pitié, d'irritation, de souffrance, d'attendrissement, de dégoût, d'horreur, le type d'affect déterminant la variété de l'humour.

L'humour se présente habituellement « fusionné avec le mot d'esprit ou avec une autre variété du comique, auquel cas il lui échoit comme tâche d'éliminer une possibilité de développement d'affect contenue dans la situation qui constituerait un obstacle pour l'effet de plaisir » (p. 405). Freud donne comme exemple le cas du condamné à mort qui, emmené à la potence un lundi matin, s'exclame : « Eh bien, la semaine commence bien ! ». C'est à proprement parler une antiphrase, et donc un mot d'esprit, mais il faut de l'humour pour faire un tel mot : « Il y a, disons le, quelque chose comme de la grandeur d'âme dans cette *blague* » (p. 401).

Citons à cet endroit ces autres exemples de ce que Freud appelle *Galgenhumor* (« l'humour du gibet »), cueillis dans les *Essais* de Montaigne (livre I, chapitre XIV) : « Et de ces viles ames de bouffons il s'en est trouvé qui n'ont voulu abandonner leur gaudisserie en la mort mesme. Celuy à qui le bourreau donnoit le branle s'escria : « Vogue la gallée ! » qui estoit son refrain ordinaire. Et l'autre qu'on avoit couché, sur le point de rendre sa vie, le long du foier sur une paillasse, à qui le médecin demandant où le mal le tenoit : "Entre le banc et le feu", respondit-il. Et le prestre, pour luy donner l'extreme onction, cherchant ses pieds, qu'il avoit resserrez et contraints par la maladie : "Vous les trouverez, dit-il, au bout de mes jambes". »

Freud reprend l'analyse des variétés du comique dans *L'Humour* (1928). Mais ce qui l'intéresse désormais, ce n'est pas tant les techniques rhétoriques de l'humour que les opérations intra-psychiques qui président à sa naissance. Celles-ci permettent de séparer l'humour des phénomènes éthico-esthétiques environnants (tels que le comique, le mot d'esprit, l'ironie) et de le ranger à côté des processus proprement pathologiques de défense contre la souffrance : la névrose, l'ivresse, l'absorption en soi-même, l'extase, la folie... Il constitue le plus haut de ces processus de défense parce que, à la différence du refoulement, par exemple, « il dédaigne de soustraire à l'attention consciente le contenu de représentation attaché à l'affect pénible » (*Le Mot d'esprit*, p. 399).

Or selon Freud, l'humour marque, plus encore que le triomphe du moi, le triomphe du principe de plaisir, moyennant « l'économie d'une dépense du sentiment », face aux exigences d'une réalité peu propice au plaisir. Pour ne pas se laisser entamer par les affres de la réalité, l'humoriste effectue un déplacement d'énergie psychique du moi au surmoi : ce dernier prend en considération les préoccupations du moi avec autant de sérieux que nous, les frayeurs d'un petit enfant. L'humour contribue ainsi au rétablissement d'un état antérieur en ramenant, par la parole, un temps d'avant la parole. Que ce soit à l'échelle intra- ou intersubjective, il s'agit, comme le dit Michel Schneider, d'« infantiliser l'autre (et l'autre en soi). C'est-à-dire, à la fois de le rendre enfant (ces souffrances ? chagrins d'enfant, dérisoires) et de le rendre à son enfance » (« Humoresques », p. 277).

## 39 *L'humour est-il un corrélat de la mélancolie ?*

Dans son court essai sur « L'Humour » (1928), Freud explique le processus humoristique en termes non plus économiques mais dynamiques à partir du jeu de rapports entre les instances psychiques de la deuxième topique (le moi, le surmoi et le ça). Et il conclut : « L'alternance de la mélancolie et de la manie, de l'oppression cruelle du moi par le surmoi et de la libération du moi au terme de cette pression nous a fait l'impression d'une semblable fluctuation dans l'investissement [de l'énergie psychique] » (p. 327). Dans les deux cas le moi s'incline devant la supériorité du surmoi qui le juge, pris dans son ensemble avec ses sentiments et ses soucis, être une chose de peu de valeur, voire haïssable. Toutefois, comme le remarque Paul-Laurent Assoun, si le surmoi se comporte comme un véritable bourreau du moi dans la mélancolie, il est plutôt condescendant et « pacifiant » dans le cas de l'humour. Alors que, dans la mélancolie, l'angoisse de mort, comme réaction à un danger intérieur, se montre à nu, « l'humour fonctionne comme *filtre* de l'angoisse de mort », étant plutôt « une "formation réactionnelle" de la disposition mélancolique » (« L'inconscient humoriste », p. 64-66).

En pensant ensemble les idées d'humour et de mélancolie, la doctrine freudienne retrouve l'origine médicale et humorale de l'humour. Certes, la notion freudienne de *Melancholie* ne patauge pas dans la bourbe bilieuse des humeurs, s'étant affranchie de la physiologie traditionnelle. Cela dit, le concept même d'« énergie psychique », et les processus d'épanchement, de canalisation ou de décharge afférents, ne sont pas sans faire allusion aux propriétés dynamiques des humeurs. On remarquera que « la propagation du mouvement dans un milieu fluide » est le sens premier du mot *pulsion*, et que Freud n'hésite ni à se référer aux physiologues anciens, ni à parler en termes d'ondes (de lave) lorsqu'il étudie le nombre et la succession des *Triebe*. D'ailleurs, l'humeur n'est pas qu'un liquide ; elle se raréfie moyennant une série de « coctions » pour devenir « esprit », les esprits animaux assurant la liaison (*copula*) entre le corps et la pensée, ou plus exactement constituant le corps même de la pensée. La spécificité de la puissance mélancolique repose dans sa composante imaginaire, puisque les esprits mélancoliques excellent à charrier des représentations, lesquelles bouleversent le cœur, pervertissent l'imagination, et aiguillonnent l'appétit désirant. Dans l'anthropologie freudienne c'est l'hypothèse de la pulsion, en tant que représentant psychique d'une excitation organique, qui prend le relais de l'ancienne humeur : dans les deux cas une représentation ou un groupe de représentations se trouvent investis d'un « quantum d'affect ».

# IV
# LA NOIRCEUR DE L'HUMOUR

L'humour, contrairement à l'ironie et au rire, n'est pas une catégorie traditionnelle de rhétorique ; encore de nos jours, les manuels le passent sous silence, à l'exception notable du *Dictionnaire de Poétique et de Rhétorique* d'Henri Morier. Ce dernier prend le contre-pied des philosophes qui, de Schlegel à Deleuze, ont toujours opposé l'humour à l'ironie, en les assimilant l'un à l'autre. L'humour, ainsi relevé, serait une « ironie de conciliation », soit des contraires, soit d'ordre moral. Cependant Morier se heurte à un reste de négativité, « un humour qui manque d'humour » (p. 616) et qu'il qualifie de noir, épithète mise en vogue par André Breton. Épithète ou épithétisme ? Si par un tour de passe-passe dialectique Morier parvient à dissoudre l'humour en tant que phénomène comique distinct, le tout de l'humour se résume à ce reste déchu.

## 40 *Peut-on définir l'humour ?*

Voici près d'un siècle que ce vieux serpent de mer agite le milieu des anglicistes et des comparatistes français. Malgré la qualité des contributions, la question demeure pendante. Sans doute, toute définition de quelque chose d'aussi fluctuant que l'humour laisse à désirer. Mais on a aussi l'impression que le débat s'enlise en raison d'un certain conservatisme quant au choix des exemples. On cherche la quintessence de l'humour chez des auteurs comme Jerome K. Jerome, Tristan Bernard ou Alphonse Allais et, du coup, compte tenu de l'importance toute relative de ces auteurs sur le plan de l'histoire littéraire, l'humour apparaît comme un phénomène secondaire, certes plaisant, mais sans grande signification. D'aucuns en sont même venus à exprimer leur étonnement que certaines populations de l'Afrique puissent rire à la lecture de *Madame Bovary* : signe d'un étonnant malentendu, non de la part des Africains, mais de ces « spécialistes » de l'humour qui se montrent incapables d'enregistrer la puissance humoristique formidable d'une œuvre inspirée, aux dires de Flaubert lui-même, du *Don Quichotte* de Cervantès. « Le pseudo-sens du tragique rend bête », écrit Gilles Deleuze dans sa *Présentation de Sacher-Masoch*, « combien d'auteurs déformons-nous, à force de substituer un sentiment tragique puéril à la puissance agressive comique de la pensée qui les anime ? » (p. 75).

Si cela est vrai des grands auteurs, cela est encore plus vrai des livres saints. Il faut en effet, comme le dit Jésus de ses auditeurs, « qu'en écoutant ils n'entendent, ni ne comprennent point », pour qu'on rate dans les Évangiles « un humour qui dépasse tout. La parole de l'intendant, par exemple – [...] personne ne songe à s'étonner que le Fils de l'Homme, le pur entre les purs, nous dise en somme que la meilleure façon d'arriver au salut de son âme est de tripoter sur les fonds dont on a la charge » –, ou bien « ce formidable *joke*, *Rendez à César ce qui est à César*, et maintenant débrouillez-vous ». Jacques Lacan, à qui nous empruntons cette citation (*Le Séminaire*, livre VII, p. 115), fait jouer l'humour jusque dans le domaine sacro-saint de la science, et la relative santé de la psychanalyse en France est due en grande partie à son enseignement humoristique. « Il est de moins en moins certain », écrivait André Breton en 1939, « vu les exigences spécifiques de la sensibilité moderne, que les œuvres poétiques, artistiques, scientifiques, les systèmes philosophiques et sociaux dépourvus de *cette sorte* d'humour ne laissent pas gravement à désirer, ne soient pas condamnés plus ou moins rapidement à périr » (*Anthologie de l'humour noir*, p. 10).

Si toute définition de l'humour déçoit, on peut néanmoins apprendre à le reconnaître et à le mettre en valeur. L'humour s'éprouve : c'est avant tout une sensation. Nous allons faire nôtres les affirmations suivantes : « Les hommes d'humour sont toujours en quelque degré des hommes de génie ; les hommes d'esprit le sont rarement, bien qu'un homme de génie puisse, parmi d'autres dons, posséder de l'esprit, comme Shakespeare » (Coleridge, *Propos de table*, p. 425) ; et « n'est de l'humour que ce que je reconnais comme tel » (inspiré de Freud). Pour autant que la reconnaissance de l'humour relève d'un jugement esthétique, il faut convenir avec Emmanuel Kant qu'il s'agit d'un jugement subjectif : la relation entre une représentation donnée et le sentiment de plaisir qu'elle suscite chez le sujet ne désigne absolument rien dans l'objet. Cependant, Kant montre aussi qu'un jugement esthétique pose la nécessité d'une adhésion universelle, nécessité certes subjective mais qui est représentée comme objective, en présupposant l'existence d'un sens commun. Aussi, cette « conditionnalité subjective » qui détermine l'appréhension de l'humour peut-elle prétendre à l'universalité – du moins dans un contexte occidental, celui auquel nous nous bornons ici.

## 41 *Quel sort les surréalistes ont-ils réservé à l'humour ?*

Dans toute investigation de cette nature, il est avisé de se munir d'un miroir grossissant à l'aide duquel l'enquêteur pourra suivre jusqu'à leur terme les implications et tendances d'un phénomène tel que l'humour. Pour ce faire, la référence au surréalisme semble indispensable. Non certes que l'humour fût l'apanage des seuls surréalistes, qui dans leur pratique restèrent communément bien en deçà des extravagances outrancières du mouvement Dada (dont le nom, disait Tristan Tzara, devrait s'entendre comme un synonyme du mot *humour*). Simplement, ils ont su lui donner ses lettres de noblesse poétique. La « Situation surréaliste de l'objet » et l'*Anthologie de l'humour noir* d'André Breton, le *Traité du style* de Louis Aragon, « L'Actualité et l'Humour » de Roger Vitrac, « L'humour, attitude morale » de Marco Ristitch, tous ces textes expliquent et illustrent la tonalité humoristique qui caractérise l'intégralité de la production surréaliste, et partant, contribuent à la compréhension d'une inflexion majeure dans les arts du XX^e siècle.

Jamais l'humour n'a occupé une place aussi centrale dans le champ esthétique. Le critère du beau l'ayant cédé à celui du sublime au XVIII^e siècle, le sublime s'étant avili dans le grotesque au XIX^e siècle, la relève a été prise par l'humour. Dans « Situation surréaliste de l'objet », Breton identifie l'œuvre d'Alfred Jarry comme celle dans laquelle se cristallise le combat entre les deux forces qui, selon Hegel, sous-tendaient l'art romantique : « celle qui entraînait l'intérêt à se fixer sur les accidents du monde extérieur, d'une part, et, d'autre part, celle qui l'entraînait à se fixer sur les caprices de la personnalité. La pénétration intime de ces deux tendances [...] aboutit chez Jarry au triomphe de l'humour objectif, qui en est la résolution dialectique » (p. 102). Breton cite Marcel Duchamp, Raymond Roussel, Jacques Vaché et Jacques Rigaud comme les dignes continuateurs de Jarry. Mais l'heure est venue, dit-il, « de rechercher la nouvelle catégorie avec laquelle est appelé à fusionner l'humour objectif pour cesser en art d'être lui-même » (p. 103). Ce sera celle du *hasard objectif* révélée par la pratique de l'automatisme psychique, « autrement dit de cette sorte de hasard à travers quoi se manifeste comme très mystérieusement pour l'homme une nécessité qui lui échappe bien qu'il l'éprouve vitalement comme nécessité » (p. 105).

Solidement assise sous l'égide de Freud et de sa définition de l'humour comme « triomphe paradoxal du principe du plaisir sur les conditions réelles au moment où celles-ci sont jugées les plus défavorables », l'*Anthologie de l'humour noir* ne remonte pas au-delà du XVIII^e siècle. Jonathan Swift serait « le véritable initiateur » de l'humour noir, bien que, ajoute Breton dans la phrase suivante, il existe des « manifestations fugitives d'un tel humour aussi bien, par exemple, chez Héraclite ou chez les Cyniques que dans l'œuvre des poètes dramatiques anglais du cycle élisabéthain ». Écrit-il « fugitives » parce que, pour lui, elles constituent des fulgurances dans une œuvre autrement dépourvue d'humour noir ; ou bien, en raison de leur supposé isolement dans le cours de l'histoire littéraire ? Breton, quoiqu'il aille droit aux moments cruciaux pour une histoire de l'humour, demeure aveuglé par la relative indistinction entre l'humeur et l'humour à l'époque élisabéthaine, indistinction qui pourtant détermine sourdement son choix de l'épithète « noir ».

Certains auteurs détonnent par leur inclusion dans un tel recueil : Jean-Pierre Brisset est peut-être une *humeur* au sens jonsonien du terme, mais peut-on parler à son égard d'une *reprise* humoristique de sa propre folie ? Il n'est pas évident non plus que le *nonsense* tout intellectuel de Lewis Carroll participe de l'humour noir si ce dernier est bien « une disposition de sang presque autant que de l'esprit », selon l'expression de Madame de Staël ; ni que « tous ceux qui gardent le sens de la révolte reconnaîtront en Lewis Carroll leur premier maître d'école buissonnière ». Si la délimitation du champ de l'humour à la seule partie « noire » représente en effet un nouveau réajustement de l'humour sur l'humeur, Breton semble méconnaître la portée de son geste.

## 42 *Alfred Jarry a-t-il une descendance ?*

L'auteur d'*Ubu roi*, d'*Ubu cocu*, d'*Ubu enchaîné*, du *Surmâle*, de « La passion considérée comme une course de côte » – « Le déplorable accident que l'on sait se place au douzième virage. Jésus était à ce moment dead-head avec les deux larrons. On sait aussi qu'il continua la course en aviateur... » – et d'un essai intitulé « De l'inutilité du théâtre au théâtre » fut considéré par la mouvance surréaliste comme l'incarnation de *l'humour objectif*. Il n'y a pas de doute quant à ses modèles (détournés). Le début d'*Ubu roi* représente une ahurissante condensation parodique de l'acte I, scène 5 de *Macbeth* de William Shakespeare : « Merdre. – Oh ! voilà du joli, Père Ubu, vous estes un fort grand voyou. – Que ne vous assom'je, Mère Ubu ! – Ce n'est pas moi, Père Ubu, c'est un autre qu'il faudrait assassiner », etc. D'ailleurs, l'épigraphe de la pièce nous apprend que le Père Ubu « fut depuis nommé par les Anglois Shakespeare, et avez de lui sous ce nom maintes belles tragœdies par escript ». Mais ce sont ses propres écrits qui fourniront aux générations suivantes le modèle à suivre en matière d'humour.

Dans l'*Anthologie de l'humour noir,* Breton cite les lettres que lui envoya Jacques Vaché au moment où ce dernier était

« interprète aux anglais » dans les tranchées de la Somme (Breton lui avait demandé « une définition de l'umour ») : « – Il y a beaucoup de formidable UBIQUE aussi dans l'umour – comme vous verrez – Mais ceci n'est naturellement – définitif et l'umour dérive trop d'une sensation pour ne pas être très difficilement exprimable – je crois que c'est une sensation – J'allais presque dire un SENS – aussi – de l'inutilité théâtrale (et sans joie) de tout./ *Quand on sait* ». Vaché survécut à la guerre mais se suicida l'année suivant l'armistice.

En 1926, Antonin Artaud, Roger Vitrac et Robert Aron fondent le Théâtre Alfred Jarry, nommé ainsi en hommage à « l'enseignement humoristique inégalé d'*Ubu Roi* ». Quatre ans plus tard, Artaud et Vitrac publient *Le Théâtre Alfred Jarry et l'hostilité publique,* qui dresse le bilan enjoué des difficultés encourues pendant les quatre spectacles qu'ils ont réussi à monter. Or, la section « Position du Théâtre Alfred Jarry » comporte un long développement sur la notion d'humour (*Œuvres complètes d'Antonin Artaud*, t. II, p. 43-4). Artaud et Vitrac vont jusqu'à l'ériger en clef de voûte de leurs projets théâtraux à venir : « L'humour sera la seule lanterne verte ou rouge qui éclairera les drames et signalera au spectateur si la voie est libre ou fermée, s'il est convenable de crier ou de se taire, de rire tout haut ou tout bas. Le Théâtre Alfred Jarry compte devenir le théâtre de tous les rires. » L'objectif étant de faire parcourir aux spectateurs toute la gamme des rires, il s'agit d'expliciter les moyens par lesquels y parvenir : « En résumé, nous nous proposons comme thème : *l'actualité* entendue dans tous les sens ; comme moyen : *l'humour* sous toutes ses formes ; et comme but : *le rire* absolu, le rire qui va de l'immobilité baveuse à la grande secousse des larmes. »

L'humour caractérise tout autant le pôle de production que le pôle réceptif. « Ses formes » constituent les procédés dramatiques qui concourent à sa réalisation, laquelle se solde par le rire du spectateur. Cependant, les auteurs ne croient pas bon de divulguer ces procédés et, au lieu de cela, fournissent une glose sur le mot *humour :* « Hâtons-nous de dire que nous entendons par humour le développement de cette notion ironique (ironie allemande) qui caractérise une certaine révolution de l'esprit moderne. Il est encore difficile d'en donner une définition précise. Le Théâtre Alfred Jarry en confrontant les valeurs comiques, tragiques, etc., considérées pour elles-mêmes ou dans leurs réactions réciproques, vise très exactement à préciser expérimentalement cette notion d'humour ». Le comique et le tragique ont trait à la représentation d'un contenu : ils désignent chacun différents types de situations, de personnages, d'actions et de sentiments. L'humour, en revanche, relève plutôt d'une manière, d'un ton, et son effectuation ne dépend d'aucune série de faits particulière. C'est pourquoi le Théâtre Alfred Jarry « n'admettra que *la poésie de fait, le merveilleux humain,* c'est-à-dire dégagé de toute attache religieuse, mythologique ou fabuleuse, et *l'humoristique,* seule attitude compatible avec la dignité de l'homme pour qui le tragique et le comique sont devenus une balançoire » (II, 45).

## 43 *Pourquoi l'humour est-il un élément essentiel du Théâtre de la cruauté ?*

Le Théâtre Alfred Jarry monte son dernier spectacle en décembre 1928. Mais dès la fin de l'aventure, Antonin Artaud se met à publier des articles et à faire des conférences en vue de mettre sur pied le Théâtre de la Cruauté. « Le théâtre contemporain est en décadence », écrit-il dans *Le Théâtre et son double,* « parce qu'il a perdu le sentiment d'un côté du sérieux et de l'autre du rire. Parce qu'il a rompu avec la gravité, avec l'efficacité immédiate et pernicieuse, – et pour tout dire avec le Danger./ Parce qu'il a perdu d'autre part le sens de l'humour vrai et du pouvoir de dissociation physique et anarchique du rire./ Parce qu'il a rompu avec l'esprit d'anarchie profonde qui est à la base de toute poésie » (IV, 40-41). La poésie est anarchique parce qu'elle sépare les formes signifiantes de leurs significations habituelles. Ainsi, comme dans les peintures de René Magritte, *arbre* aurait pu tout aussi bien désigner une colline ou un animal, « et le tour aurait été joué ». Tout est affaire de convention dans le réseau de relations entre objets et êtres qui structure notre vision du monde. Par exemple, si les jolies femmes barrissaient, on associerait l'idée de barrissement à celle de la beauté féminine. « Théâtralement [poursuit Artaud] ces inversions de formes, ces déplacements de significations pourraient devenir l'élément essentiel de cette poésie humoristique et dans l'espace qui est le fait de la mise en scène exclusivement. » Il donne un troisième exemple, tiré du film des Marx Brothers, *Monkey Business.* Dans la dernière scène du film, « un homme croyant recevoir dans ses bras une femme, reçoit dans ses bras une vache, qui pousse un mugissement. Et par un concours de circonstances sur lequel il serait trop long d'insister, ce mugissement, à ce moment-là, prend une dignité intellectuelle égale à celle de n'importe quel cri de femme. » Au théâtre, suggère-t-il, la vache pourrait être remplacée par un monstre de pantomime tel que le dragon des Balinais, ou bien « un Être inventé, [...] ne répondant à rien, et cependant inquiétant par nature » (IV, 42).

Les deux manifestes du Théâtre de la Cruauté (octobre 1932, mars 1933) parachèvent l'élaboration spécifiquement théâtrale de l'idée d'humour. « L'HUMOUR-DESTRUCTION » (les seuls termes rédigés en lettres majuscules hormis les sous-titres) devrait, écrit Artaud, concilier la raison avec le langage objectif et concret du théâtre, lequel s'adresse directement à la sensibilité « organique » du spectateur. Il est remarquable qu'Artaud parle ici de « concilier » les habitudes de la raison plutôt que de les dompter ou de les invalider. Mais justement, il ne s'agit pas de contourner ni d'abolir toute activité intellectuelle, mais de lui faire suivre le chemin frayé par l'humour ; et si l'on convient que l'humour est un genre du comique, nous pouvons lui attribuer la célèbre phrase de Bergson : « Le comique exige [...] quelque chose comme une anesthésie momentanée du cœur. Il s'adresse à l'intelligence pure » (*Le Rire*, p. 6). Sans l'exercice de la raison il n'y aura pas de comique. Mais dans un deuxième temps, l'humour provoque immanquablement une réaction physiologique, un sentiment de plaisir et, dans le cas du rire, un spasme musculaire d'une rare complexité. La raison acquiescera à la destruction grâce au plaisir accordé par l'humour. Ce côté séducteur de l'humour fait de lui un outil admirable pour l'entreprise de corruption et de démoralisation préconisée par Artaud à l'égard du monde contemporain.

## 44 *Y a-t-il un humour proprement cinématographique ?*

Dans « Cinéma et Réalité » (1927), Antonin Artaud renvoie dos à dos le cinéma d'abstraction pure et les films à fondements psychologiques. Ces derniers font souvent preuve d'humour, mais à des fins purement discursives : « Dans les films à péripéties, toute l'émotion et tout l'humour reposent uniquement sur le texte à l'exclusion des images [...]. On en est à rechercher un film à situations purement visuelles et dont le drame découlerait d'un heurt fait pour les yeux, pris, si l'on ose dire, dans la substance même du regard » (III, 19). Dans ce troisième type de films, « les situations [proviendraient] d'un heurt simple d'objets, de formes, de répulsions, d'attractions ». Ce heurt n'a rien de fortuit : grâce à lui, le cinéma « retrouve comme la disposition primitive des choses. Les films les plus réussis dans ce sens sont ceux où règne un certain humour, comme les premiers Malec [Buster Keaton], comme les Charlot les moins humains » (III, 20).

Enid Welsford parle, à propos de Charlot, de « victoires sur les faits bruts », d'une manière habile, absurde et originale de se débrouiller avec les *choses* (*The Fool*, p. 309 et 316). Toutefois, les « heurts oculaires » orchestrés par Keaton et Chaplin ne se limitent pas aux choses ; ils découlent tout aussi fréquemment d'affrontements violents entre personnes. Welsford inscrit Malec et Charlot dans sa magistrale histoire du *fool*, figure qui, malgré la diversité de ses incarnations, se retrouve toujours dans l'un de ces trois types de personnages : « celui qui reçoit les gifles », selon l'expression de saint Jean Chrysostome ; « celui qui est indifférent aux gifles reçues » ; et celui qui, par un inimitable mélange de maladresse et d'agilité, « échange sa place avec ceux qui donnent les gifles ». Charlot et Malec appartiennent évidemment à la troisième catégorie : ce sont des *under-dogs*, des opprimés qui, tel David face à Goliath, triomphent malgré tout de leurs puissants adversaires.

Le comique, dit Aristote dans la *Poétique*, « consiste en un défaut ou une laideur qui ne causent ni douleur ni destruction » (ch. 5). Or, même les comédies d'Aristophane ne tombent pas sous le coup d'une telle définition, encore moins le cinéma burlesque. Qu'est-ce qui caractérise les films de Charlot, de Buster Keaton, de Laurel et Hardy ou des Marx Brothers, sinon l'extrême violence de l'action ? Est-ce vraiment une coïncidence si, parmi les films burlesques les plus réussis, se trouvent ceux qui ont trait à la guerre ? Dans *Le Mécano de la « Général »* (1926), ou dans *Le Dictateur* (1940), des gens meurent pour de bon, et parfois de façon hilarante. *La Soupe au canard* (1933), le film le plus réjouissant des Marx Brothers, se termine sur une scène de bataille qui résume, par des changements de costume, l'histoire de la guerre depuis l'aube des temps modernes. Moment le plus sombre de la collectivité humaine, la guerre est un terrain des plus favorables à l'éclosion de l'humour pour autant que celui-ci exprime le « sentiment du contraire » (Pirandello) et le triomphe paradoxal du principe du plaisir (Freud).

## 45 *Pourquoi les Marx Brothers sont-ils pris comme aune en matière d'humour ?*

Antonin Artaud décrit l'humour comme un processus à deux temps. La « remise en cause humoristique du réel » (V, 14) marque le premier temps, celui de la destruction, de la pulvérisation, de la dissociation. Ce côté dangereux de l'humour, l'inquiétude qu'il inspire, et « l'anarchie bouillante » qu'il met en œuvre sont dûment exposés dans une note consacrée aux Marx Brothers dans *Le Théâtre et son double* (IV, 133-5). Plutôt que de se tenir, écrit Artaud, « sur les marges faciles et comiques de la signification de ce mot », il faudrait, pour bien saisir son essence, « ajouter à l'humour la notion de quelque chose d'inquiétant et de tragique, d'une fatalité (ni heureuse, ni malheureuse, mais pénible à formuler) qui se glisserait derrière lui comme la révélation d'une maladie atroce sur un profil d'une absolue beauté ». Or, qu'est-elle cette fatalité nocive qui, soustraite au regard, passe sous la peau d'un visage pour en ternir l'éclat, sinon une allusion voilée aux humeurs peccantes du corps malade ?

Le deuxième moment de l'humour ne se distingue du premier que par cette décharge d'affectivité, cette euphorie d'un défoulement irrépressible qui caractérise les fins de film paroxystiques des Marx Brothers. Artaud emploie les termes de « révolte intégrale » et de comique « révolutionnaire », mais le terme qui revient le plus souvent dans cette courte note est celui de « libération ». Il en distingue deux sortes, l'une sur le plan « surréel », l'autre sur le plan psychique : d'une part, « la libération [...] d'une magie particulière que les rapports coutumiers des mots et des images ne révèlent d'habitude pas », et, d'autre part, « l'exercice d'une sorte de liberté intellectuelle où l'inconscient de chacun des personnages, comprimé par les conventions et les usages, se venge, et venge le nôtre en même temps ».

Groucho, Chico, Harpo et Zeppo sont des bouffons au sens où Mikhaïl Bakhtine entend le terme : « un fripon qui porte le masque du sot ». Aucun film, en effet, n'a poussé la « supercherie joyeuse » et la révolte aussi loin que *La Soupe au canard,* où les puissances destructrices de l'humour sévissent au plus grand dam des valeurs officielles du patriotisme, de la diplomatie et de l'héroïsme guerrier. Artaud remarque également la violence intersexuelle qui caractérise ces films. Dans *Animal Crackers,* par exemple, la propriétaire des lieux (Margaret Dumont) se voit tour à tour courtisée et insultée par Groucho ; de plus elle est la cible des « blagues humoristiques » et de la rancune inexpliquée d'Harpo : ce dernier possède la manie irritante de poser sa jambe sur la main de son hôtesse, avant de la prendre réellement à partie dans un match de boxe improvisé pour l'occasion et commenté par Chico.

Lorsque Jacques Lacan s'ingénie à donner une idée de ce qu'il appelle le désir sans objet, c'est l'un des frères qui lui vient à l'esprit : « Il n'est que d'évoquer une figure qui sera vivante pour tout un chacun d'entre vous, celle du terrible muet des quatre Marx Brothers – Harpo. Y a-t-il rien qui puisse poser une question plus présente, plus pressante, plus prenante, plus chavirante, plus nauséeuse, plus faite pour jeter dans l'abîme et le néant tout ce qui se passe devant lui, que la figure, marquée de ce sourire dont on ne sait si c'est celui de la plus extrême perversité ou de la niaiserie la plus complète, d'Harpo Marx ? Ce muet à lui tout seul suffit à supporter l'atmosphère de mise en question et d'anéantissement radical, qui fait la trame de la formidable farce des Marx, et du jeu de *jokes* non discontinu qui donne toute la valeur de leur exercice » (*Le Séminaire*, livre VII, p. 69).

Tout le monde fait les frais de la niaiserie perverse d'Harpo : même Groucho n'est pas à l'abri, malgré sa maîtrise verbale. Dans *La Soupe au canard*, Harpo non seulement seconde Chico dans ses activités d'espionnage contre le régime de Rufus T. Firefly (Groucho), mais aussi assure les déplacements du dictateur en tant que motard-chauffeur. Évidemment il s'acquitte fort mal de cette tâche, laissant Firefly toujours en rade, même lorsque ce dernier s'assoit à la place du chauffeur ! On les retrouve ensemble dans la fameuse scène du miroir. À vrai dire, il n'y a pas de miroir à proprement parler, Harpo l'ayant cassé au cours d'un cambriolage effectué dans la maison où Firefly passe la nuit. Harpo doit donc, lorsque ce dernier se présente devant l'emplacement supposé de la glace, lui donner l'impression qu'il se trouve bien devant son propre reflet. Pour ce faire, il se déguise en Firefly et anticipe tous les mouvements du dictateur, lequel, pris de doute, le met à rude épreuve. Le résultat est le morceau de cinéma le plus enivrant qu'on ait jamais vu.

## 46 *Quelle posture adopte l'humoriste par rapport à la loi ?*

Aux dires de Gilles Deleuze dans sa *Présentation de Sacher-Masoch*, l'humour et l'ironie s'exercent et trouvent leur sens par rapport à la loi. Alors que l'ironiste veut fonder la loi sur un Bien infiniment supérieur, l'humoriste la sanctionne par un Mieux infiniment plus juste. Mais que faut-il mettre sous le concept de la loi (et non pas des lois) ? On sait que Freud, et plus récemment Claude Lévi-Strauss, érigent la loi de l'interdiction de l'inceste en principe fondateur de la socialité humaine. Réciproquement, Freud identifie l'inceste au désir le plus fondamental. Il en découle que la loi est la même chose que le désir refoulé. Du coup, l'humour et l'ironie, en tant que moyens de contester ou de contourner la loi, prennent les allures de la perversion.

Le masochisme est de part en part une entreprise humoristique avec ses techniques de dénégation, de contournement et de suspension. « On prend la loi au mot, à la lettre ; on ne conteste pas son caractère ultime ou premier ; on fait comme si, en vertu de ce caractère, la loi se réservait pour soi les plaisirs qu'elle nous interdit. Dès lors, c'est à force d'observer la loi, d'épouser la loi, qu'on goûtera quelque chose de ces plaisirs. » Or, si la loi « nourrit la culpabilité de celui qui y obéit », le masochiste « tourne » la culpabilité en faisant du châtiment une condition qui rend possible le plaisir défendu. C'est donc la castration même qui rend possible une union incestueuse avec la mère (p. 77-79).

Le masochisme, explique Deleuze, est « une histoire qui raconte comment le surmoi fut détruit, par qui, et ce qui sortit de cette destruction ». Le masochiste « abjure la ressemblance du père, ou la sexualité qui en est l'héritage ; mais il récuse en même temps l'image du père comme l'autorité répressive qui réglemente cette sexualité, et qui sert de principe au surmoi » (p. 111). C'est la mère qui se confond avec la loi ou, plus exactement, la bonne mère, car le masochiste vit l'ordre symbolique comme « inter-maternel ». De même que dans le *Choix des trois coffrets* de Freud ou dans *la Déesse blanche* de Robert Graves, la femme se décline ici en mère utérine, mère orale et mère œdipienne. La deuxième, froide et sévère, est porteuse de mort mais d'une mort qui est une seconde naissance : « le moi triomphe, affirme son autonomie dans la douleur, sa naissance parthénogénétique à l'issue des douleurs ». L'humour effectue cette renaissance pour autant qu'il représente, selon Deleuze « l'exercice d'un moi triomphant, l'art du détournement ou de la négation du surmoi, avec toutes ses conséquences masochistes ». L'ironie, en revanche, se définit comme « l'exercice d'un surmoi dévorant – l'art de l'expulsion ou de la négation du moi avec toutes ses conséquences sadiques » (p. 107).

## 47 *Comment l'humoriste devient-il « le comédien de ses propres événements » ?*

L'étymologie et la coutume nous incitent à parler de *grotesque* en ce qui concerne les arts plastiques, de *burlesque* en matière de cinéma, d'*humoresque* en matière de musique. Pour que ces formes participent de l'humour, il faut qu'elles représentent l'élaboration comique d'une humeur – mélancolie, fureur, folie – qui risque autrement d'emporter à la fois le créateur, sa création et le spectateur. L'humoriste met en jeu son existence. Même parmi les humoristes professionnels de la télévision, la toxicomanie de Coluche, le cancer d'Andy Kaufman ou de Pierre Desproges, la folie de John Cleese donnent à entrevoir la pulsion de mort qui alimente l'humour vrai.

Si l'humour participe indubitablement de la maladie elle-même, il constitue aussi sûrement sa « représentation cruelle » – sa mise à distance par le biais de sa mise en scène –, à condition toutefois que celui qui en mime les effets soit lui-même réellement malade. Pour décrire « les propriétés de l'humour-acteur », Gilles Deleuze (dans *Logique du sens*) se réfère à la blessure de Joë Bousquet, à la « fêlure » de F. S. Fitzgerald et à l'alcoolisme de Malcom Lowry. Il expose le cas d'Antonin Artaud de manière différente, mettant l'accent sur la dimension humorale de l'humour telle qu'elle s'effectue dans les profondeurs remuantes du corps : poison, mélange vénéneux, bile noire, folie. Il n'empêche qu'Artaud tente, lui aussi, dans ses « lectures-jouées », ses conférences et ses écrits, comme dans ses prestations au théâtre et au cinéma, de mimer le mal qui empêche son esprit « d'être ce qu'il devrait être » (V, 147). C'est en ce sens qu'il est légitime d'appliquer à son cas la notion deleuzienne de « contre-effectuation » : « L'acteur effectue [...] l'événement, mais d'une toute autre manière que l'événement s'effectue dans la profondeur des choses. Ou plutôt cette effectuation cosmique, physique, il la double d'une autre, à sa façon, singulièrement superficielle, d'autant plus nette, tranchante et pure pour cela, qui vient délimiter la première, en dégage une ligne abstraite et ne garde de l'événement que le contour ou la splendeur : devenir le comédien de ses propres événements, *contre-effectuation* » (*Logique du sens*, p. 176). L'acteur double l'effectuation humorale par un jeu de « contre-effectuation » qui restitue l'*humour* à la surface des corps et des propositions, comme pur effet incorporel.

Lors du tournage de l'*Opéra de Quat'sous* de Pabst (1930), Artaud écrit au docteur Allendy : « Je joue un vrai mendiant qu'un syndicat de mendicité oblige à jouer la comédie d'une misère truquée et plus lamentable que la vraie » (III, 186). Le mendiant n'en demeure pas moins un vrai mendiant, car dans le théâtre de la contre-effectuation humoristique le fou joue le fou, le mendiant joue le mendiant, le mélancolique joue le mélancolique. Prenons l'exemple célèbre de Pauvre Tom dans le *Roi Lear* de Shakespeare. Edgar, grimé en Pauvre Tom, dévoile la vérité élémentaire de l'homme ; mais cette vérité elle-même est le produit d'une feinte. Cela étant, il est faux de dire qu'Edgar se déguise en fol indigent, ou qu'il reste extérieur à son personnage dit d'emprunt. Au moment d'endosser les hardes de Pauvre Tom, Edgar est réellement indigent, ayant été déshérité et pourchassé par son père. Même la distance (problématique, par ailleurs) entre la folie vraie et la folie feinte est inhérente à son nouveau statut, car dire que le noble Edgar feint d'être Pauvre Tom, c'est méconnaître à la fois la nature de son identité nouvelle, et les us et coutumes du « milieu » élisabéthain. On ne peut pas décoller Edgar de Pauvre Tom tout simplement parce que Pauvre Tom est le nom générique de tous ceux, indigents et vagabonds, qui font semblant d'être fous : « Un homme Abraham », écrit John Audeley dans *Fraternitye of Vagabondes* (1565), « c'est quelqu'un qui se ballade les bras et les jambes à l'air, *qui feint d'être fou*, et qui porte un paquet de laine ou un bâton avec du lard dessus, ou quelque chose dans ce genre-là, et *qui se nomme pauvre Tom* ».

Pabst demande à Artaud de simuler un simulateur et donc de feindre la feinte – acte doublement négatif et, de ce fait, doté d'une valeur positive : celle de la sincérité absolue que rien ne distingue plus d'une duplicité diabolique. Dans une scène mémorable, il se campe devant une glace pour étudier ses gestes faux. La glace perpétue l'effet de mise en abîme : un comédien miséreux (Antonin Artaud) joue un miséreux de comédie lui-même en train de « jouer la comédie d'une misère truquée », mais dont le trucage est le propre du véritable mendiant. De surcroît, grâce à la surface réfléchissante du miroir – ainsi qu'à celle de la pellicule cinématographique et de l'écran sur lequel elle sera projetée –, Artaud se voit jouer à se voir jouer à se voir jouer, selon ce que Deleuze appelle le « paradoxe de la régression, ou de la prolifération indéfinie » (*Logique du sens*, p. 41). Non seulement la glace permet à l'humoriste de devenir son propre spectateur, mais elle déploie une surface sur laquelle il peut mimer son propre mal, « et par là renaître, se refaire une naissance, rompre avec sa naissance de chair » (*ibid.*, p. 175).

Ainsi, un cinéaste humoriste fera plutôt des comédies jusqu'au moment où il se met lui-même en scène en s'inventant un personnage qui n'est que l'exagération de ses propres traits : Chaplin se transforme en Charlot, Keaton en Malec. Plus près de nous, Jacques Tati s'est fondu dans la silhouette de Monsieur Hulot ; Woody Allen multiplie les variations sur le juif new-yorkais hypocondriaque ; Nanni Moretti se dédouble en Michele, militant de gauche déçu ; Takeshi Kitano se dépeint en *yakuza* minable ; et Joao César Monteiro se produit sous les traits de Jean de Dieu. De comique, Roberto Begnini est devenu humoriste à proprement parler dans *La Vie est belle* (1999), en assurant lui-même la mise en scène de son personnage habituel (à la ville comme à l'écran) de clown gai et, qui plus est, en le projetant dans le contexte des camps d'extermination. Il retrouve par ce biais la dimension tragique de l'humour.

## 48 *Comment l'humoriste surmonte-t-il la folie ?*

L'humoriste, écrit Luigi Pirandello dans *Essence, caractères et manière de l'humorisme*, « voit en tout une *construction* du sentiment illusoire, feinte ou fictive qu'à l'aide d'une analyse aiguë, subtile et minutieuse, [il] sait démonter et décomposer » (p. 157). D'une telle attitude éminemment scientifique à la paranoïa, « cette maladie professionnelle des humoristes » (Escarpit), il n'y a qu'un pas, franchi par plus d'un. Aux dires d'Antonin Artaud, par exemple, l'humanité se débat dans les mailles d'un univers truqué par les prestiges d'une parole mensongère, créatrice d'une espèce de réalité seconde et qui refoule la vraie : « Moi je dis que nous vivons non pas dans un monde faux, mais faussé, volontairement et matériellement faussé » (XXV, 231).

On ne peut pas trancher la question de la folie d'Artaud, pour la simple raison que la folie n'est pas justiciable du même type d'analyse que les faits morbides relevant de la pathologie organique. Qu'Artaud ait été « réellement » malade ou non n'est pas la question ; seul compte le fait que l'institution médicale l'ait reconnu comme tel. Selon Michel Foucault, une société s'exprime positivement dans les phénomènes qu'elle rejette : la maladie mentale étant une stratégie de repli à l'égard des contradictions présentées par la réalité familiale, sociale et économique, ces mêmes contradictions se reproduisent et se dénoncent dans le monde fantasmatique du malade. Nul mieux qu'Artaud n'a su démêler le réseau des dépendances qui noue ensemble ce qu'il appelle complaisamment sa « maladie » et les conditions culturelles qui ont présidé à son éclosion.

La stratégie qu'adopte Artaud pour parer aux atteintes non seulement du monde externe – les formes aliénantes des institutions familiale, médicale et religieuse –, mais aussi du monde interne – les troubles psycho-physiologiques dont il fait état dès ses premiers textes –, cette stratégie, dit-il à maintes reprises, est à base d'humour... ou d'humeur, les deux mots étant presque interchangeables dans ses écrits. L'humoriste ne revêt pas le masque des autres mais le sien propre, c'est sa manière à lui de reprendre en main son destin de sujet, invariablement celui d'un homme qui ressent la morsure de l'*humeur* noire sous la forme de l'un de ses nombreux avatars : folie, mélancolie, maladie... Or, depuis décembre 1944, Artaud souffre de fréquentes hémorragies intestinales, sans doute signe d'un cancer du rectum qui ne sera décelé qu'en février 1948 : « c'est un état douleur caca amour opium terre sang excrément ténèbres,/ ma poésie l'humour noir » (XVIII, 224). Artaud assume son « état douleur caca », faisant résonner dans le vocable infantile un mot grec autrement plus redoutable : *to kakon,* « le mal ». C'est par le biais de sa « poésie l'humour noir » qu'il en opère la reprise – ainsi que l'affirmation – sur le plan de l'écriture et du dessin.

Lorsqu'Antonin Artaud s'affuble du sobriquet *le Mômo* après dix ans d'enfermement asilaire, il retrouve le geste du *fool* shakespearien, du *mome* élisabéthain, de tous ceux qui ont su transformer leurs sautes d'humeur en traits d'humour. La mise en scène de ses symptômes est aussi une mise à distance, leur exagération une forme de maîtrise. L'humoriste revendique la sauvagerie de sa maladie, et la transforme en puissance de subversion sociale. En assumant son identité de « fada », il subvertit le rôle que la société veut lui faire jouer. À l'instar du *mome* élisabéthain, le fou joue le fou ; étant donné qu'« il faut pousser à bout pour passer » (XVII, 164), il hyperbolise le jugement médico-légal porté sur lui, sous couleur d'une attitude conciliatrice. Mais l'humoriste n'est pas de ceux qui portent un masque d'emprunt. Son attitude dépasse la simple provocation. Il ne se contente pas de déployer un semblant d'auto-ironie dans le but de ridiculiser ceux qui l'ont cru fou. Il se sait malade, ou plutôt il aspire à la maladie, ne voulant pas de la « santé/ d'un monde/ d'avachis » (XXII, 69) ; bien au contraire, la folle ambition de « l'homme dément », c'est d'effectuer « dans le monde de la vie éternelle/ le retour d'une éternelle santé » (XIII, 110).

## 49 *Y a-t-il des lieux ou des figures de rhétorique spécifiques à l'humour ?*

Si l'on convient avec Freud que l'essence de l'humour ne réside pas dans la plaisanterie, mais dans l'intention qui l'anime, la réponse est évidemment négative. On a néanmoins proposé la syllepse (le jeu de mots à double sens) et la litote (le fameux *understatement* britannique). À vrai dire, on pourrait avancer tout aussi bien l'exagération et l'hyperbole : selon Diogène Laërce, Diogène le Cynique prétendait « imiter les maîtres de musique qui chantent un ton plus haut pour que les choristes parviennent à donner le ton juste » (*Vies*, p. 19) ; et Artaud le Marseillais s'évertuait à « crever toujours le plein du discours, [à] le surmonter par l'extravagant, sans jamais vouloir rien lier ou motiver » (XXIII, 409). Contentons-nous d'attirer l'attention sur un petit outil grammatical qui a de tout temps joui de la prédilection des humoristes : « Votre *si* a beaucoup de vertus », dit le bouffon Touchstone dans *Comme il vous plaira* de Shakespeare (5.4.102) ; et Pirandello, dans *Essence, caractères et manière de l'humorisme* s'en enthousiasme à son tour : « ce petit *s'*, cette minuscule particule qu'on peut tailler, ficher comme un coin dans toutes les affaires de la terre, que de désagrégations elle est capable de produire, de quel immense jeu de démontage il est possible qu'elle soit la cause entre les mains d'un humoriste » (p. 162).

*Ubu Roi* (1896) d'Alfred Jarry termine sur cette tirade impérissable (à propos du « pays appelé Germanie ») : « Ah !

messieurs ! si beau qu'il soit il ne vaut pas la Pologne. S'il n'y avait pas de Pologne il n'y aurait pas de Polonais. » C'est un bel exemple de ce qui se nomme « implication matérielle » en logique. Lewis Carroll s'en sert, en conjonction avec la loi du tiers exclu, comme moyen de déception comique : une première proposition crée un effet d'attente ; nous nous apprêtons à recevoir une information capitale, alors que la deuxième proposition n'est que la conséquence logique de la première. Dans *La Traversée du miroir,* par exemple, le Chevalier Blanc veut convaincre Alice d'écouter sa chanson : « "Tous ceux qui me l'entendent chanter, ou bien, elle leur fait venir les larmes aux yeux, ou bien...". "Ou bien, quoi ?", dit Alice [...]. "Ou bien, elle ne le fait pas"» ». L'humoriste nous a « eus » en quelque sorte, nous sommes trompés dans notre attente, et si nous rions, c'est pour avoir, en termes freudiens, économisé une dépense d'investissement de représentation.

Cela est peut-être vrai pour Lewis Carroll mais l'humour ne se situe-t-il pas, comme le dit Theodor Lipps, dans le dépassement du comique ? Déjà, dans le mot d'Ubu, le comique de l'attente déçue se trouble de résonances géopolitiques. Antonin Artaud se sert de l'apparente irréfutabilité de l'implication matérielle, de son caractère tautologique, pour faire passer un message qui, en fin de compte, ne relève en rien d'une belle évidence logique : « S'il n'y avait pas eu de médecins/ il n'y aurait jamais eu de malades » (XII, 57). La logique devient ici ce que Pirandello appelle une « petite machine infernale », car on ne peut pas rationaliser l'assertion d'Artaud de manière à lui faire signifier, par exemple, que la maladie est une conception historique inventée par un certain Hippocrate et élaborée par d'autres nosographes et symptomologues du même acabit. Non, la sentence d'Artaud est sans appel : toute maladie est de nature iatrogénique, ce sont les médecins qui nous rendent malades.

L'implication matérielle prolifère dans les *Cahiers* remplis par Antonin Artaud à l'asile psychiatrique de Rodez : « S'il n'y avait pas de recteurs/ il n'y aurait pas de Sorbonne » (XXIII, 121) ; « s'il n'y avait pas de savants/ il n'y aurait pas non plus de science » (*ibid.*) ; « s'il n'y avait pas de vivants/ il n'y aurait pas de morts » (XXI, 382). Mais ce n'est pas épuiser le potentiel humoristique de la particule *si* pour autant. Artaud exploite également sa valeur non hypothétique, concessive, comme dans : « s'il est difficile de vivre il devient de plus en plus impossible et inefficace de mourir » (XII, 232). Les analystes de l'humour parlent ici de la suspension du jugement philosophique, l'idée exprimée étant en contradiction avec nos convictions les plus fondamentales. Pourtant nier l'inéluctabilité de la mort n'a rien d'humoristique en soi. Le caractère vraiment saugrenu de cette proposition tient à sa seule expression. Cette fois-ci la logique du tiers exclu n'est pas subversive mais subvertie : il est peut-être difficile de vivre mais on n'est pas plus près de mourir pour autant. Et puis Artaud parle en termes de puissance, de capacité, d'aptitude à vivre et à mourir comme si toutes les deux étaient des pratiques auxquelles on s'exerçait avec plus ou moins d'habileté. Non seulement il devient impossible de mourir, mais mourrait-on, cela ne servirait à rien. Artaud conçoit le « mourir » comme une puissance d'agir sur la vie et sur le monde, mais une puissance en perte de puissance, tandis que nous autres morts vivants n'avons jamais vu dans la mort que son aspect de perte. Alors, à quoi sert-il de mourir ? Et si la mort sert, à qui sert-elle ? « Les morts », écrit Artaud à Marthe Robert, « ne sont plus vivants parce qu'en réalité ils ne sont pas assez morts » (XIV*, 121).

## 50 *Comment l'humour se distingue-t-il de l'esprit ?*

Lors d'une prestation de Pierre Desproges au théâtre, l'emploi inopiné du mot « dubitable » provoque le fou rire chez une spectatrice. Desproges s'interrompt, s'égaie, se moque – « Oui, madame, j'ai dit "dubitable". Ce n'est pas un gros mot, vous savez ! » –, et au terme d'une brillante démonstration lexicale improvisée, profère cette définition, le sourire en coin : « Le doute m'habite » (Cet exemple, choisi au hasard et en apparence trivial, touche néanmoins à l'essentiel : Jacques Lacan – *Le Séminaire*, livre V, p. 262 – nous rappelle que la comédie, de la *Lysistrata* d'Aristophane au *Balcon* de Jean Genet, « jouit de la relation à un effet qui est fondamentalement en rapport avec l'ordre signifiant, à savoir l'apparition de ce signifié qui s'appelle le phallus ».) Il s'agit là d'un trait d'esprit muni de tous les caractères décrits par Freud dans son étude sur le *Witz* : l'utilisation multiple du même matériau verbal, l'effet de surprise, la tendance obscène, la présence d'un tiers. Mais s'agit-il d'humour ? Prenons un autre exemple, tout aussi trivial.

Dans *Short Cuts*, film de Robert Altman sorti en 1993, une serveuse de « diner », exaspérée par les propos plus qu'équivoques d'un client égrillard, lui rive son clou d'une petite phrase saugrenue et assassine : « Is that your face or did your neck just throw up ? » (« C'est ta tronche, ça, ou tu viens de dégueuler ? »). La serveuse emploie deux figures : l'interrogation oratoire et la métaphore *in praesentia*. En outre, elle applique une torsion au « bon usage » de la grammaire anglaise, « just » exigeant le présent parfait et non le prétérit. Ce qui donne à la métaphore sa « force de frappe », outre qu'elle émane d'une personne subalterne par sa fonction et qui n'interrompt point son travail, ne serait-ce que pour lever les yeux sur sa victime, tient à la nature insolite de l'idée évoquée, ainsi qu'à la portée suprêmement insultante du rapprochement suggéré. Toutefois, elle ne dit pas, de but en blanc : « t'as une gueule de chiottes ! » – une insulte aussi directe déclencherait une riposte de la part du client et la rendrait fautive auprès de son employeur. Au contraire, elle déjoue toute possibilité de réaction affirmée en biaisant l'invective sous la forme d'une question, une question d'une étrangeté et d'une soudaineté telles qu'elle est destinée à rester sans réponse, interloquant l'interlocuteur.

La forme interrogative rend l'insulte d'autant plus dévastatrice qu'elle demeure oblique. Mais elle fait davantage, car elle enlève à la figure sa nature de figure : l'image est entendue *à la lettre*, étant l'une de deux versions possibles d'une réalité « objectée » : visage ou cou décapité d'où giclent des vomissures. L'improbabilité de la seconde possibilité, au lieu d'annuler celle-ci, infirme plutôt la première par un effet de contagion dû à leur appariement. La serveuse défigure la figure du client en y substituant ce qui justement n'a pas de figure : un mélange nauséeux de sang et de vomissement, une abjection d'humeurs excrémentielles dont l'évocation permet d'« ab-jecter » celui dont la présence nuit – cela au prix d'une torsion grammaticale qui ne fait qu'intensifier la puissance expressive du langage.

Récapitulons les caractères qui font de ce mot une saillie proprement humoristique. Une serveuse, c'est-à-dire une personne vouée à la servilité et à *l'humilité* en raison même de son travail, lance une phrase vénéneuse et saugrenue qui frappe de stupéfaction son destinataire et fait hurler de rire les tierces personnes, spectateurs ou clients, qui l'entendent ; une phrase dont l'efficacité est décuplée par *l'obliquité, la littéralité et l'étrangeté* qui la caractérisent, aussi bien que par sa puissance d'abjection ; une phrase, enfin, où les *humeurs* internes du corps font explosion au dehors, la serveuse vomissant littéralement son agresseur.

L'humour se distingue de l'esprit du fait qu'il est souvent plus opaque, moins incisif. « Le génie du peuple espagnol », écrit S.T. Coleridge dans ses *Propos de table,* « est d'une subtilité exquise, sans être nullement aigu ; il en résulte que leur littérature contient beaucoup d'humour et peu d'esprit » (p. 165). Dans un film au titre significatif, *Ridicule* (1996), Patrice Leconte relève cette différence. Les membres de la Cour de Louis XVI demandent à un noble revenu d'un voyage en Angleterre de donner un exemple de l'humour. Il cite alors la réponse de Lord Somerset interrogé sur le nombre de maîtresses qu'il entretenait : « À partir de combien peut-on dire plusieurs ? » Personne ne rit. En fait, on n'est pas loin des problèmes stoïciens cités par Diogène Laërce : « quand devient-on chauve ? ou quand y a-t-il un tas ? » L'humour a partie liée avec le paradoxe.

Pour Coleridge, « l'humour n'exclut pas le pathos, comme cela est le cas pour l'esprit (*wit*) » (*Propos de table*, p. 374). Selon la romancière victorienne George Eliot, l'humour est essentiellement poétique et descriptif, à la différence du *wit,* plus intellectuel. Comme le dit Alexandre Mavrocordato, « la notion d'humour est liée au concret et au particulier », à la peinture minutieuse des aspects cocasses et insolites de la réalité (1967, t. 1, p. 23). Aussi, l'humour découle-t-il souvent de l'accumulation de touches précisantes, comme lorsque Sir John Falstaff, dans la première partie d'*Henry IV* de Shakespeare, explique comment, devant embrigader des hommes valides pour les guerres et ayant accepté force pots-de-vin, il se retrouve avec une compagnie de forçats et de va-nu-pieds : « Il n'y a pas une chemise et demie dans toute ma compagnie, et la demi-chemise se compose de deux serviettes agrafées ensemble et jetées sur les épaules comme un surtout de héraut sans manches. Et la chemise, pour dire la vérité, a été volée à mon hôte à Saint Albans, ou à l'aubergiste alcoolique de Daventry » (4.2.40-45). Pour triompher de la réalité, il faut d'abord en faire l'inventaire.

# BIBLIOGRAPHIE

ARISTOTE, *La poétique*, trad. R. Dupont-Roc et J. Lallot, Seuil, 1980.

—, *La Vérité des songes*, trad. J. Pigeaud, Payot/Rivages, 1995.

—, *L'Homme de génie et la Mélancolie, Problème XXX, 1*, trad. J. Pigeaud, Rivages, 1988.

—, *Rhétorique*, trad. C.-E. Ruelle, LGF, 1991.

ARMIN, Robert, *Works (1605-1609)*, Occasional Issues of Unique or Very Rare Books, éd. A. B. Grosart, vol. XIV, 1880.

ARRIVÉ, Michel, *Langage et psychanalyse, linguistique et inconscient. Freud, Saussure, Pichon, Lacan*, PUF, 1994.

ARTAUD, Antonin, *Œuvres complètes* : 26 tomes publiés aux Éditions Gallimard, 1974 à 1994.

ASSOUN, Paul-Laurent, « L'Inconscient humoriste », dans *L'Humour*, Éditions Autrement, Série Mutations, n° 131, septembre 1992, p. 51-68.

BAKHTINE, Mikhaïl, *L'Œuvre de François Rabelais et la culture populaire au Moyen Âge et sous la Renaissance*, trad. A. Robel, Gallimard, « Tel », 1970.

—, *Esthétique et théorie du roman*, trad. D. Olivier, Gallimard, « Tel », 1978.

BALDENSPERGER, Fernand, *Gottfried Keller. Sa vie et ses œuvres*, Paris, 1899.

BAUDELAIRE, Charles, « De l'essence du rire et généralement du comique dans les arts plastiques », *Œuvres complètes*, t. II, Gallimard, « Bibliothèque de la Pléiade », 1976, p. 525-543.

BERGSON, Henri, *Le Rire. Essai sur la signification du comique*, Paris, 1924.

BRETON, André, « Situation surréaliste de l'objet », dans *Position politique du surréalisme*, Le Livre de Poche, « Biblio essais », (Pauvert, 1971), p. 87-120.

—, *Anthologie de l'humour noir*, Le Livre de Poche, « Biblio », (Pauvert, 1966).

BRIGHT, Timothy, *A Treatise of Melancholie*, 1586.

—, *Traité de la mélancolie*, trad. É. Cuvelier, Éditions Jérôme Millon, 1996.

BRYANT, J. A., « Jonson's Revision of *Every Man in His Humour* », *Studies in Philology*, LIX, 1962.

BURTON, Robert, *The Anatomy of Melancholy*, ed. H. Jackson, « Everyman Library », Londres, 1932 (3 vol.).

CARROLL, Lewis, *The Annotated Alice*, éd. M. Gardner, Penguin, 1981 (1965).

—, *Symbolic Logic and the Game of Logic*, Douvres, 1958.

—, *Alice au pays des merveilles ; À travers le miroir*, trad. H. Parisot, Flammarion, 1979.

CAZAMIAN, Louis, *The development of English Humor*, Durham, Duke University Press, 1952.

CHAPMAN, George, *Comedies*, éd. T.M. Parrot, Londrès, 1914.

COLERIDGE, S. T., *Table Talk* (« Propos de table »), ed. Carl Woodring, dans *Collected Works*, t. XIV, Routledge, Princeton University Press, 1990.

DELEUZE, Gilles, *Présentation de Sacher-Masoch*, Minuit, 1967.

—, *Logique du sens*, Minuit, 1969.

DELEUZE, Gilles, GUATTARI, Félix, *L'Anti-Œdipe*, Minuit, 1972.

DIOGÈNE LAËRCE, *Vie, doctrines et sentences des philosophes illustres*, t. II, trad. R. Genaille, GF-Flammarion, 1965.

ÉRASME, *Éloge de la folie*, trad. P. de Nolhac, G-F Flammarion, 1964.

ESCARPIT, Robert, *L'Humour*, PUF, « Que sais-je ? » n° 877, 1960.

FICIN, Marsile, « La Mélancolie des Intellectuels », dans *Magazine littéraire*, n° 244, juillet-août 1987, p. 32-34.

FOUCAULT, Michel, *Histoire de la folie à l'âge classique*, Gallimard, « Tel », 1972.

FORD, John, *'Tis Pity She's a Whore*, éd. B. Morris, « New Mermaids », Londres, 1993.

FREUD, Sigmund, *Le Mot d'esprit et sa relation à l'inconscient*, trad. D. Messier, Gallimard, « Folio/essais », 1986.

—, *Métapsychologie*, trad. J. Laplanche et J.-B. Pontalis, Gallimard, « Folio/essais », 1968.

—, « L'Humour », dans *L'Inquiétante étrangeté et autres essais*, trad. B. Féron, Gallimard, « Folio/essais », 1985.

FRYE, Northrop, *Anatomy of Criticism*, Princeton, 1973 (1957).

GRAY, A. H., *How Shakespeare « Purged » Ben Jonson*, Londres, 1928.

HEGEL, Friedrich, *Esthétique*, trad. Ch. Bénard, Le Livres de Poche, « Classiques de la Philosophie », 1997.

HERSANT, Yves, « Ben Jonson et les humœurs », dans *L'humeur et son changement*, *Nouvelle Revue de Psychanalyse*, n° 32, automne 1985.

HIPPOCRATE, *Opera omnia*, éd. É. Littré, Amsterdam, 1962 (10 vol.).

—, *Des lieux dans l'homme*, trad. R. Joly, Les Belles Lettres, 1978.

—, *Sur le rire et la folie*, trad. Y. Hersant, Rivages, 1989.

JANKÉLÉVITCH, Vladimir, *Quelque part dans l'inachevé*, Gallimard, 1978.

JARRY, Alfred, *Ubu*, Gallimard, « Folio », 1978.

JONSON, Ben, *The Works of Ben Jonson*, éd. C. H. Herford, P. et E. Simpson, Oxford, 1925-52 (11 vol.).

—, *Chacun hors de son humeur*, trad. E. Lafond, Paris, 1863.

KANT, Emmanuel, *Critique de la faculté de juger*, dir. F. Alquié, Gallimard, « Folio », 1985.

KIERKEGAARD, Sören, *Post-scriptum aux Miettes philosophiques*, trad. P. Petit, Gallimard, « Tel », 1949.

KLIBANSKY, R., PANOFSKY, E., SAXL, F., *Saturne et Mélancolie*, Gallimard, 1989.

KOESTLER, Arthur, « Humour and Wit » dans *Encyclopaedia Britannica*.

KRISTEVA, Julia, *Polylogue*, Seuil, 1977.

LACAN, Jacques, *Le Séminaire, livre V : Les Formations de l'inconscient*, Seuil, « Champ Freudien », 1998.

—, *Le Séminaire, livre VII : L'Éthique de la psychanalyse*, Seuil, « Champ Freudien », 1986.

—, *Le Séminaire, livre VIII : Le Transfert*, Seuil, « Champ Freudien », 1980.

—, *Le Séminaire, livre XX : Encore*, Seuil, « Champ Freudien », 1975.

LIPOVETSKY, Gilles, *L'Ère du vide. Essais sur l'individualisme contemporain*, Gallimard, 1983.

LYLY, John, *Euphues*, éd. M. W. Croll et H. Clemons, New York, 1964.

MAVROCORDATO, A., *L'Humour en Angleterre*, Aubier, 1967 (2 vol.).

MILNER, Jean-Claude, *L'Œuvre claire. Lacan, la science, la philosophie*, Seuil, « L'ordre philosophique », 1995.

MONTAIGNE, *Œuvres complètes*, Gallimard, « Bibliothèque de la Pléiade », 1962.

MORIER, Henri, *Dictionnaire de Poétique et de Rhétorique*, PUF, 1981.

NASHE, Thomas, *Selected Works*, éd. S. Wells, Londres, 1964.

OUAKNIN, Marc-Alain, ROTNEMER, Dory, *La Bible de l'humour juif*, Éditions J'ai lu, 1995.

PIGEAUD, J., *La Maladie de l'âme. Étude sur la relation de l'âme et du corps dans la tradition médico-philosophique antique*, Les Belles Lettres, 1981.

—, « Une physiologie de l'inspiration poétique ; de l'humeur au trope », *Les Études Classiques*, t. XLVI, 1978, p. 23-31.

—, « l'Humeur des anciens », dans *L'humeur et son changement*, *Nouvelle Revue de Psychanalyse*, n° 32, automne 1985.

PIRANDELLO, Luigi, *Écrits sur le théâtre et la littérature*, trad. G. Piroué, Denoël, « Folio/essais », 1968.

PLUTARQUE, *Isis et Osiris*, trad. C. Froidefond, dans *Œuvres morales*, t. V, 2e partie, Les Belles Lettres, 1988.

POE, Edgar, *Contes-Essais-Poèmes*, éd. Cl. Richard, Robert Laffont, « Bouquins », 1989.

POLLOCK, Jonathan, « L'Humour au théâtre selon Antonin Artaud », dans *Dramaturgies contemporaines*, *Vives Lettres*, n° 6, Strasbourg, 1998.

—, « Humour et modernité », dans *Antonin Artaud 1*, *La Revue des Lettres Modernes*, Minard, 2000.

—, « Comment Antonin Artaud transforme le legs de Lewis Carroll », dans *Altérations, créations dans la langue : les langages dépravés*, éd. Anne Tomiche, Clermont Ferrand, 2001.

PUTTENHAM, Georges, *The Arte of English Poesie*, Londres, 1589.

RABELAIS, *Pantagruel*, éd. Fr. Bon, POL, 1992.

—, *Gargantua*, éd. Fr. Bon, POL, 1992.

—, *Le Tiers Livre*, éd. Fr. Bon, POL, 1993.

—, *Le Quart Livre*, éd. Fr. Bon, POL, 1993.

RICHTER, Jean-Paul, *Vie de Fixlein, régent de cinquième*, trad. P. Velut, Éd. Montaigne, 1943.

ROWLANDS, Samuel, *Democritus, or Doctor Merryman his Medicines against Melancholy humors*, 1607.

SACKS, Oliver, *L'Homme qui prenait sa femme pour un chapeau*, Seuil, 1988.

SCHNEIDER, Michel, « Humoresques », dans *L'humeur et son changement*, *Nouvelle Revue de Psychanalyse*, n° 32, automne 1985.

SHAKESPEARE, William, *The Complete Works*, éd. P. Alexander, Londres, 1983 (1951).

—, *Hamlet*, éd. G. R. Hibbard, Oxford, 1994 (1987).

—, *La Nuit des rois*, trad. P. de Leyris, Flammarion, 1994.

SIDNEY, Sir Philip, *Apology for Poetry*, éd. G. K. Shepherd, Londres, 1965.

STAROBINSKI, Jean, *Histoire du traitement de la mélancolie des origines à 1900*, Bâle, 1960.

—, *Trois fureurs*, Gallimard, 1974.

SWIFT, Jonathan, *Instructions aux domestiques*, trad. L. de Wailly, Le Livre de Poche.

TARLTON, Richard, *Jests* (1609), dans J.-P. Collier, *History of English Dramatic Poetry*, 1879, vol. 3.

TRÉDÉ, Monique, *KAIROS, L'à-propos et l'occasion*, Klincksieck, « Études et commentaires », 1992.

VILLON, *Poésies complètes*, éd. Cl. Thiry, Le Livre de Poche, « Lettres gothiques », 1991.

WALKINGTON, Thomas, *The Optick Glasse of Humors*, 1607.

WEBSTER, John, *The Duchess of Malfi*, éd. E. M. Brennan, Londres, « New Mermaids », 1996 (1964).

—, *The White Devil*, éd. E. M. Brennan, Londres, « New Mermaids », 1994 (1966).

# INDEX DES NOMS D'AUTEUR

*Les chiffres correspondent au numéro de la question*


ADDISON Richard, 27
ALLAIS Alphonse, 40
ALLEN Woody, 47
ALTMAN Robert, 50
ARAGON Louis, 41
ARISTOPHANE, 44, 50
ARISTOTE, 1, 3, 4, 7, 8, 17, 18, 20, 44
ARMIN Robert, 22
ARON Robert, 42
ARRIVÉ Michel, 24
ARTAUD Antonin, 8, 12, 32, 36, 42-45, 47-49
ASSOUN Paul-Laurent, 39
AUBREY John, 19
AUDELEY, John 47
BAKHTINE Mikaïl, 5, 9, 10, 22, 33, 45
BALDENSPERGER Fernand, 1, 37
BAUDELAIRE Charles, 34
BERGSON Henri, 6, 32, 37, 43
BERNARD Tristan, 40
BEGNINI Roberto, 47
BONAPARTE Marie, 32
BOUSQUET Joë, 47
BRETON André, 11, 13, 28, 32, 40, 41
BRIGHT Timothy, 23
BRISSET Jean-Pierre, 41
BRYANT J. A., 17
BUÑUEL Luis, 34
BURTON Robert, 1, 6, 7, 21, 23
CARROLL Lewis, 27, 33, 41, 49
CAZAMIAN Louis, 17, 37
CERVANTÈS Miguel, 29, 35, 37, 40
CHAPLIN Charlie, 44, 47
CHAPMAN George, 14, 16
CHARTIER Alain, 9
CICÉRON, 5
CLEESE John, 47
COLERIDGE Samuel Taylor, 29, 37, 40, 50
COLUCHE, 47
CORNEILLE Pierre, 1, 14
COTGRAVE Randle, 16
DALI Salvador, 34
DELEUZE Gilles 13, 16, 37, 40, 46, 47
DÉMOCRITE, 3, 5, 6, 7
DESPROGES Pierre, 47, 50
DICKENS Charles, 27
DIDEROT Denis, 35
DIOGÈNE LAËRCE, 11, 12, 13, 28, 49, 50
DONNE John, 8
DRYDEN John, 27
DUCHAMP Marcel, 41

DUHAMEL Georges, 37
EICHENDORFF Joseph von, 31
ELIOT George, 50
EMPÉDOCLE, 3
ÉRASME, 5, 17, 22
ESCARPIT Robert, 28, 30, 36, 48
FICIN Marsile, 1, 23
FIELDING Henry, 27
FLAUBERT Gustave, 40
FOUCAULT Michel, 5, 10, 48
FORD John, 26
FREUD Sigmund, 9, 24, 26, 32, 34, 38-41, 44, 46, 49
FRITZGERALD F. Scot, 47
FRYE Northrop, 6
GALIEN, 1, 5, 7, 23
GENET Jean, 50
GOETHE Johann Wolfgang von, 29
GRAVES Robert, 46
GRAY Andrew, 19
GUATTARI Félix, 37
HARDY Oliver, 44
HEGEL Friedrich, 30, 41
HERSANT Yves, 17
HILDEGARDE DE BINGEN, 34
HIPPOCRATE, 1-3, 5, 7-10, 17, 49
HOBY Sir Edward, 15
HOFFMANN E.T.A., 34
IMMERMANN, 37
ISIDORE DE SÉVILLE, 7
JANKÉLÉVITCH Vladimir, 37
JARRY Alfred, 41, 42, 49
JEROME Jerome K., 40
JONSON Ben, 14-19
KAFKA Franz, 34
KAMES Lord, 27
KANT Emmanuel, 40
KAUFMAN Andie, 47
KEATON Buster, 44, 47
KIERKEGAARD Sören, 31
KITANO Takeshi, 47
KLIBANSKY Raymond, 8, 9, 11
KOESTLER Arthur, 37
KRISTEVA Julia, 16
LACAN Jacques, 13, 22, 40, 45, 50
LAUREL Stanley, 44
LAUTRÉAMONT, 34
LECONTE Patrice, 50
LÉVI-STRAUSS Claude, 46
LIPOVETSKY Gilles, Avant-propos
LIPPS Theodor, 7,49
LOWRY Malcolm, 47
LUCIEN, 22
LYLY John, 7
MAGRITTE René, 43
MARX BROTHERS, 13, 34, 43-45
MAVROCORDATO Alexandre, 27, 50
MEREDITH George, 20
MILNER Jean-Claude, 13
MONTAIGNE Michel de, 38
MONTEIRO Joao César, 34, 47
MORETTI Nanni, 47
MORIER Henri, 27, 32
NASHE Thomas, 15, 17
NICOLAS DE CUES, 8
NOVALIS, 30
OUAKNIN Marc-Alain, 16
PABST Wilhelm, 47
PANOFSKY Erwin, 8, 9, 11
PIC DE LA MIRANDOLE, 8
PICASSO Pablo, 34

PIGEAUD Jackie, 2, 4
PIRANDELLO Luigi, 35, 36, 44, 48, 49
PLATON, 12
PLUTARQUE, 12
POE Edgar Allen, 32, 36
POLYBE, 3
PROUST Marcel, 37
PUTTENHAM George, 37
QUINCEY Thomas de, 30
RABELAIS François, 8-11, 13, 34
RICHTER Jean-Paul, 29, 30, 34
RIGAUD Jacques, 41
RIPA Cesare, 9
RISTITCH Marco, 41
ROTNEMER Dory, 16
ROUSSEL Raymond, 41
ROWLANDS Samuel, 6
RUFUS D'ÉPHÈSE, 5
SACKS Oliver, 2
SADE D.A.F. marquis de, 11, 28
SAXL F, 8, 9, 11
SCHNEIDER Michel, 6, 38
SÉNÈQUE, 28
SHAKESPEARE William, 14-25, 31, 40, 42, 47, 49, 50
SIDNEY Sir Philip, 22
SMOLLET Tobias, 27
STAROBINSKI Jean, 4
STAËL Madame de, 41
STERNE Laurence, 27, 29, 35, 37
SWIFT Jonathan, 28, 41
TARLTON Richard, 22
TATI Jacques, 12, 47
THACKERAY William Makepeace, 27
TRÉDÉ Monique, 2
TZARA Tristan, 41
VACHÉ Jacques, 41, 42
VILLON François, 9, 11
VITRAC Roger, 41, 42
VOLTAIRE, 1, 14, 15
WALKINGTON Thomas, 7
WEBSTER John, 2, 5, 37
WELSFORD Enid, 20, 44

Achevé d'imprimer le 15 novembre 2001
sur les presses de

Imprimerie D. Guéniot
52200 Langres - Saints-Geosmes

Dépôt légal : novembre 2001 - N° d'imprimeur : 4525